NEGOCIAÇÕES NO MERCADO INTERNACIONAL

CONCEITOS E ESTRATÉGIAS

PAULO EDUARDO RIBEIRO

NEGOCIAÇÕES NO MERCADO INTERNACIONAL

CONCEITOS E ESTRATÉGIAS

Freitas Bastos Editora

Copyright © 2024 by Paulo Eduardo Ribeiro

Todos os direitos reservados e protegidos pela Lei 9.610, de 19.2.1998. É proibida a reprodução total ou parcial, por quaisquer meios, bem como a produção de apostilas, sem autorização prévia, por escrito, da Editora. Direitos exclusivos da edição e distribuição em língua portuguesa: **Maria Augusta Delgado Livraria, Distribuidora e Editora**

Direção Editorial: Isaac D. Abulafia
Gerência Editorial: Marisol Soto
Revisão: Sabrina Dias
Diagramação e Capa: Madalena Araújo

Dados Internacionais de Catalogação na Publicação (CIP) de acordo com ISBD

R484n	Ribeiro, Paulo Eduardo	
	Negociações no Mercado Internacional: Conceitos e Estratégias / Paulo Eduardo Ribeiro. - Rio de Janeiro : Freitas Bastos, 2024.	
	184 p. ; 15,5cm x 23cm.	
	ISBN: 978-65-5675-370-6	
	1. Relações internacionais. 2. Negociações. 3. Mercado Internacional. I. Título.	
2023-3793		CDD 327
		CDU 327

Elaborado por Vagner Rodolfo da Silva - CRB-8/9410

Índice para catálogo sistemático:
1. Relações internacionais 327
2. Relações internacionais 327

Freitas Bastos Editora
atendimento@freitasbastos.com
www.freitasbastos.com

APRESENTAÇÃO

Desenvolver a habilidade de conduzir com eficiência processos de negociação, seja no contexto nacional ou internacional, é cada vez mais uma competência requerida e extremamente necessária para profissionais de diferentes áreas do conhecimento, principalmente no mundo atual globalizado.

Processos de recrutamento e seleção, de compra e venda de bens e serviços, aplicações financeiras e tantas outras possibilidades de ações que acontecem diariamente nas organizações nacionais ou naquelas que extrapolam as fronteiras são apenas alguns exemplos da afirmação anterior, mas talvez seja impossível (e talvez desnecessário) quantificá-las aqui.

Na verdade, desde a década de 1980 do século passado, mais precisamente com o advento conhecido como internacionalização das empresas no Brasil, os processos de negociação internacional se intensificaram, mas com a chegada da globalização em meados da década seguinte esses processos aumentaram de uma forma praticamente impossível de mensurar.

Que bom que o mundo acadêmico percebeu isso e diversos cursos de graduação já oferecem em suas grades a possibilidade de trazer para a sala de aula conceitos que permitam refletir sobre a negociação internacional, mas não de maneira simplista e sempre partindo do pressuposto que são necessárias competências específicas para uma atuação eficiente fora do país de origem.

Atualmente é possível encontrar diversas possibilidades desse tipo de atuação no mercado de trabalho e isso aproxima dos profissionais a chance de, em algum momento de sua vida profissional, ter que lidar com situações onde negociar pode ser a diferença entre um bom resultado ou um fracasso.

Por esse motivo, esse livro não foi pensado, exclusivamente, para um determinado segmento de mercado ou para um profissional específico como, por exemplo, para o profissional que atua com comércio exterior, mas sim para todo e qualquer profissional que vislumbre a possibilidade de expandir seus horizontes profissionais em um mundo onde a tela do computador ou a do celular parecem não ser mais o limite.

Esse foi o objetivo quando decidi escrever esse livro, primeiro desmistificar a ideia de que apenas algumas pessoas têm a capacidade de realizar negociações eficientes e que qualquer pessoa pode, caso queira, obviamente, adquirir e desenvolver habilidades específicas para no mínimo melhorar seus resultados quando enfrentar situações em que seja inevitável iniciar uma negociação.

Sendo assim, acredito que o livro possa interessar tanto a profissionais que já atuam no mercado nacional ou internacional, independente da área de atuação e do segmento da empresa, ocupando cargos de liderança ou não, quanto a estudantes de graduação ou pós-graduação que desejem ampliar seus conhecimentos sobre negociação no contexto internacional, a partir das reflexões que proponho a cada novo capítulo.

Espero, assim, poder contribuir de maneira significativa com essa obra, pois além de apresentar uma linguagem simples para conceitos que têm como objetivo facilitar o entendimento sobre o tema, também possibilita que se coloque em prática tudo que aqui for levantado, dessa forma, é bem provável que seja possível melhorar os resultados quando se estiver à frente de uma situação onde negociar for preciso.

SUMÁRIO

APRESENTAÇÃO 5

INTRODUÇÃO 13

1 NEGOCIAÇÃO 15
1.1 Conceitos básicos de negociação 17
1.2 Por que usamos a negociação? 19
    1.2.1 Negociação para obter vantagens 21
    1.2.2 Uso da informação na negociação 22
    1.2.3 Uso do poder na negociação 23
    1.2.4 Negociação para buscar acordos 25

2 PESSOAS 27
2.1 Pessoas, o maior patrimônio de um negócio 29
2.2 Objetivos pessoais ou individuais 31
2.3 Trabalhando em equipe 34
2.4 Formação de equipes 37
    2.4.1 Formação (*forming*) 37
    2.4.2 Tempestade (*storming*) 38
    2.4.3 Normatização (*norming*) 39
    2.4.4 Desempenho (*performing*) 39
    2.4.5 Interrupção/Encerramento (*Adjourning/Transfering*) 40

3 COMUNICAÇÃO 43
3.1 Definindo comunicação 44
3.2 O processo de comunicação, segundo Lasswell 46
    3.2.1 Emissor 47

	3.2.2	Receptor 47
	3.2.3	Mensagem 48
	3.2.4	Canal 49
	3.2.5	Impacto da mensagem 50
3.3	A importância da comunicação no processo de negociação 51	

4 CONFLITOS 53

4.1 Diferentes enfoques para definir conflito 55
    4.1.1   O olhar da Psicologia 56
    4.1.2   O olhar da Administração 56
4.2 Conflitos: como eles surgem? 57
4.3 Efeitos positivos dos conflitos 61
4.4 Níveis de conflitos 63
    4.4.1   Nível 1 – Discussão 64
    4.4.2   Nível 2 – Debate 64
    4.4.3   Nível 3 – Façanhas 65
    4.4.4   Nível 4 – Imagens 65
    4.4.5   Nível 5 – *Loss of face*
              (ficar com a cara no chão) 66
    4.4.6   Nível 6 – Estratégias 67
    4.4.7   Nível 7 – Falta de humanidade 67
    4.4.8   Nível 8 – Ataque de nervos 67
    4.4.9   Nível 9 – Ataques generalizados 68
4.5 Gerenciando os conflitos 68
    4.5.1   Abordagem estrutural 69
    4.5.2   Abordagem de processo 70
    4.5.3   Abordagem mista 71
4.6 Cinco estilos de administração de conflitos,
     segundo Thomas 72
4.7 Efeitos positivos do conflito 74

5 GLOBALIZAÇÃO 75

- 5.1 As fases da globalização 77
- 5.2 Vantagens e desvantagens da globalização 80
  - 5.2.1 Impactos positivos da globalização 80
  - 5.2.2 Impactos negativos da globalização 81
- 5.3 Objetivos da globalização 82
- 5.4 Exemplos de globalização 83

6 O NEGÓCIO 87

- 6.1 O macroambiente 89
  - 6.1.1 Ambiente econômico 89
  - 6.1.2 Ambiente tecnológico 90
  - 6.1.3 Ambiente político e legal 90
  - 6.1.4 Ambiente sociocultural 91
  - 6.1.5 Ambiente natural 91
- 6.2 O microambiente 92
  - 6.2.1 Fornecedores 92
  - 6.2.2 Consumidores 94
  - 6.2.3 Concorrentes 94
- 6.3 O que é uma empresa 94
- 6.4 Tipos de empresas 95
  - 6.4.1 Empresas industriais 96
  - 6.4.2 Empresas comerciais 96
  - 6.4.3 Empresas prestadoras de serviço 97

7 MERCADO INTERNACIONAL 99

- 7.1 A internacionalização das empresas 100
- 7.2 Avaliando a entrada no mercado internacional 102
  - 7.2.1 A escolha inicial 105
  - 7.2.2 Avaliação preliminar 105
  - 7.2.3 Informações sobre o público-alvo 106
  - 7.2.4 A escolha final 106
  - 7.2.5 Vivenciando a cultura local 107
- 7.3 Mercado em situação de oferta 107
- 7.4 Mercado em situação de procura 109

8 COMÉRCIO INTERNACIONAL 111
- 8.1 Produtos mundiais 113
- 8.2 Bens de consumo 115
- 8.3 Bens de produção 116
- 8.4 Serviços 117
- 8.5 Principais diferenças entre venda de produtos e prestação de serviços 118

9 O AUMENTO DO FLUXO INTERNACIONAL DE RECURSOS 119
- 9.1 Fluxo de recursos financeiros 120
- 9.2 Fluxo de pessoas 122
- 9.3 Fluxo de Informação e tecnologia 123
- 9.4 Fluxo de comercialização e transporte 124

10 NEGOCIAÇÕES INTERNACIONAIS 127
- 10.1 Benefícios de uma boa negociação internacional 128
- 10.2 Planejando a negociação internacional 130
  - 10.2.1 Você sabe o que está procurando? 131
  - 10.2.2 Você estudou o novo mercado e os novos clientes? 132
  - 10.2.3 Existem potenciais parceiros para o seu negócio? 134
  - 10.2.4 Você identificou oportunidades? 134

11 O NEGOCIADOR INTERNACIONAL 137
- 11.1 Negociador internacional, generalista ou especialista? 139
- 11.2 Habilidade de se comunicar em outras línguas 142
- 11.3 Conhecimentos em marketing internacional 144
- 11.4 Conhecimentos em finanças internacionais 146
  - 11.4.1 Mercado de câmbio 146
  - 11.4.2 Política monetária e fiscal 149
- 11.5 Conhecimentos em Contabilidade internacional 150

12 ASPECTOS QUE INFLUENCIAM NA NEGOCIAÇÃO INTERNACIONAL 153

12.1 Aspectos econômicos 154
12.2 Aspectos logísticos...156
12.3 Aspectos culturais 161
12.4 Aspectos religiosos 163

13 CARACTERÍSTICAS BÁSICAS DE ALGUNS POVOS 167

13.1 Suecos...167
13.2 Ingleses...168
13.3 Alemães..169
13.4 Americanos 170
13.5 Franceses..171
13.6 Holandeses...172
13.7 Russos...173
13.8 Japoneses 174

CONSIDERAÇÕES FINAIS......................... 177

REFERÊNCIAS BIBLIOGRÁFICAS 181

INTRODUÇÃO

Antes de iniciar nossa viagem rumo ao fantástico mundo das negociações, gostaria de fazer alguns questionamentos que julgo pertinentes, afinal para mim isso é muito importante para que não fique nenhuma dúvida quanto a tudo que irei abordar por aqui.

Apesar do tema central desse livro ser "negociação internacional" nem todos os profissionais têm acesso a ele no dia a dia de trabalho, mas negociar é algo muito mais próximo de nós do que provavelmente podemos supor, por isso, o tema precisa ser trazido para a discussão, apenas para reflexão inicial.

Iniciarei com algumas perguntas simples, para que você possa ser introduzido no assunto, mesmo que você acredite que negociação não faz parte da sua vida, vamos lá:

- Você já negociou alguma vez na sua vida?
- Você se considera um bom negociador?
- Em sua opinião, negociar é uma habilidade que já nasce com a pessoa ou ela pode ser treinada?

Se você respondeu não para alguma dessas três questões, calma, eu garanto que ao término desse livro estará muito mais claro para você que negociação realmente faz parte da vida de qualquer ser humano e que vivenciar experiências que levem aos questionamentos acima não é tão absurdo assim.

O que se pretende com essa obra é mostrar que a negociação, seja no âmbito nacional ou internacional, precisa de planejamento, mas principalmente do desenvolvimento de algumas competências (que definiremos aqui como o conjunto de conhecimentos, habilidades e atitudes) para que assim seja possível alcançar os resultados esperados.

Não tenho a pretensão de ser o dono da verdade, algumas coisas fatalmente passarão pela minha opinião, que é fruto de uma experiência de mais de trinta anos atuando tanto no mundo corporativo quanto no mundo acadêmico, em cargos de liderança e com atuações, inclusive, fora do Brasil, fato esse que certamente trará alguns exemplos que vão além dos livros.

Mas, diante disso tudo, uma coisa é certa, você, eu e todas as pessoas ao redor do globo terrestre já negociaram alguma vez na vida, e vou além, tiveram essa experiência mesmo sem se dar conta disso, o que acontece todos os dias... e mais de uma vez.

Talvez essa seja uma das razões que me levou a aceitar o desafio de escrever sobre um tema tão abrangente, mas de tamanha importância para profissionais que ocupam cargos de liderança ou não, e que se deparam diariamente com a necessidade de melhorar seus resultados em face de processos de negociação.

Esse é o convite que faço a você, abra sua mente e venha trocar conhecimento, reciclando o antigo e abrindo espaço para o novo, fazendo com que a relação ensino-aprendizagem seja uma via de mão dupla para quando aparecer uma oportunidade de colocar os conceitos aqui discutidos em prática, você se sinta preparado e confiante.

Se por acaso essa negociação precisar acontecer fora do seu país de origem, lembre-se que a ideia central é a mesma, você só precisará estar atento a alguns fatos específicos a respeito do local, das pessoas, seus costumes, sua cultura, enfim, sobre alguns aspectos que falaremos aqui nos capítulos a seguir.

1 NEGOCIAÇÃO

A cada novo semestre, de uma forma ou de outra, sempre me vejo discutindo o tema "negociação" com meus alunos no curso de Comércio Exterior, que pode levar você, querido leitor, pelo menos num primeiro momento, a pensar o quanto isso pode parecer óbvio, afinal comércio exterior e negociação tem tudo a ver, não é mesmo? Mas acredite, o tema aparece também em outros cursos. Sendo assim acho que a melhor resposta aqui é: depende.

Para vocês terem uma ideia eu falo de negociação nos diversos cursos de Gestão e Negócios que leciono, quer ver um exemplo?

Em Recursos Humanos, por exemplo, onde a Gestão de Pessoas, que falaremos um pouco mais no capítulo 2, está recheada de possibilidades de negociações, seja no momento da contratação ou até mesmo antes, no processo de Recrutamento e Seleção, em Treinamento e Desenvolvimento, Cargos e Salários ou ainda nos processos de Consultoria Interna de Recursos Humanos, quem atua ou já atuou como *Business Partner*[1] sabe muito bem o que estou falando.

Se você pensar que o processo de expatriação é subordinado ao departamento de RH a negociação internacional está presente nessa área.

---

1 Profissional estratégico que tem como objetivo ser o elo entre as áreas de Recursos Humanos e as demais áreas do negócio, com o intuito de melhorar os processos de gestão de pessoas (nota do autor).

Não é diferente na Logística, em Marketing, Gestão Comercial e nas demais áreas de Gestão e Negócios, afinal onde houver pessoas trabalhando e processos acontecendo em algum momento haverá a necessidade de se negociar alguma coisa.

Mas como alguns alunos sempre dizem: "negociar é um dom", algumas pessoas já nascem com isso e outras têm mais dificuldade, pelo fato dessa ação não fazer parte do seu dia a dia... Será?

Vamos por partes.

Em primeiro lugar a gente precisa entender melhor o que se quer dizer quando utilizamos a palavra "dom" para diferenciar pessoas com mais ou menos capacidade na hora da negociação.

Não é novidade para ninguém que a palavra é amplamente utilizada no senso comum[2] para definir pessoas que já nascem com determinada habilidade ou aptidão, provavelmente você até já utilizou ou ouviu alguém utilizando nesse contexto, mas se observarmos a etimologia da palavra (latim *donum* 'dom, dádiva, doação'), seu significado remete a um bem ou graça recebida de uma divindade (Oxford Languages, 2023).

Como pesquisador não pretendo aqui trazer questões religiosas para a discussão do tema, por esse motivo prefiro não utilizar o termo "dom" e sim habilidade ou a capacidade de conduzir um processo de negociação da melhor maneira possível.

Sendo assim, talvez você esteja se perguntando, nesse momento, se negociação se trata de uma habilidade possível de ser treinada, e vou responder dizendo que, em minha humilde opinião, qualquer competência pode ser adquirida e treinada.

---

2 O senso comum é o conhecimento adquirido pelas pessoas a partir dos costumes, das experiências e vivências cotidianas. É um conhecimento superficial baseado no hábito, não é fruto de grande reflexão (Fonte: https://www.significados.com.br/senso-comum/).

Provavelmente algumas pessoas discordarão de mim, mas é essa discussão que torna o mundo acadêmico tão maravilhoso, pois mantém viva as possibilidades de aprendizados, mesmo quando percebemos que estamos errados sobre algum assunto.

Mas, afinal de contas, o que é negociação, então?

Bem, é possível encontrar diversas definições nas literaturas disponíveis, então vamos a algumas delas, talvez a partir do momento que você, leitor, tiver acesso a essas definições consiga perceber, caso ainda não tenha percebido, que o ato de negociar está muito mais presente em sua vida do que talvez você possa supor.

1.1 CONCEITOS BÁSICOS DE NEGOCIAÇÃO

Se pensarmos de maneira simples e objetiva, negociar é a tentativa de se chegar a um acordo, de preferência que atenda de maneira satisfatória, ou pelo menos o mais próximo disso, um grupo de pessoas, envolvidas nesse processo.

Envolve tomada de decisão, boa comunicação, só para citar duas habilidades necessárias, não só para conduzir um processo de negociação, como também para alcançar bons resultados.

Talvez você esteja se perguntando o que foi dito anteriormente, será que eu posso me tornar um bom negociador?

Como eu já disse, acredito verdadeiramente que, sim, se você se atentar a algumas coisas que falaremos ao longo desse livro.

"Mas eu nunca precisei negociar nada, minha função não exige essa habilidade, eu apenas executo as tarefas que me são delegadas".

Não acredite nisso, utilizamos o poder de negociação que, muitas vezes, nem sabemos que possuímos desde que somos crianças, reflita comigo.

Quem tem filhos sabe muito bem o que é entrar na seção de brinquedos de um supermercado com eles e ter que iniciar um processo, por vezes longo, de negociação por causa de inúmeros pedidos por parte dos pequenos que, inicialmente, não estavam no planejamento de compra.

Quem não tem filho um dia foi criança e, provavelmente, deve se lembrar de fatos parecidos com o relatado no parágrafo anterior.

Mas se faz necessário apresentar definições que ajudem você, leitor, que ainda acredita que negociação é uma habilidade para poucos, entender que não é bem assim.

Cohen (1980, p. 13) lembra que "negociação é um campo de conhecimento e empenho que visa a conquista de pessoas de quem se deseja alguma coisa", ou seja, envolve como dito anteriormente algumas habilidades que precisam ser adquiridas, mas o que fica claro nessa definição é a necessidade do relacionamento de pessoas que possuem interesses que de alguma maneira se cruzaram e precisam ser atendidos.

Outro autor que trouxe para o campo da discussão acadêmica o construto foi Acuff (1993, p. 21) quando definiu negociação como sendo "o processo de comunicação com o propósito de atingir um acordo agradável sobre diferentes ideias e necessidades", e mais uma vez nos deparamos com coisas não tão distantes assim de nossa realidade, mas que nos obriga a repensar nossas competências.

Uma das mais antigas definições de negociação, no entanto, foi proposta por Nieremberg em 1968, onde o autor afirmava, entre outras coisas, que a negociação pode afetar profundamente qualquer relacionamento humano além de produzir benefícios duradouros para todos os envolvidos no processo (Martinelli; Almeida, 2009, p. 26).

Muitos autores, como, por exemplo, Martinelli (2001), sustenta a ideia de que os três autores aqui citados, Nieremberg, Cohen e, mais recentemente, Acuff, estão entre os principais expoentes quando o assunto é negociação, dessa forma é um excelente caminho para quem tiver a intenção de se aprofundar no assunto.

Mas, afinal de contas, por que ou para que negociar?

Esse é o próximo assunto a ser trazido para reflexão, pois a essa altura creio ser possível afirmar que negociação não está mais tão distante de sua realidade e que você já consegue enxergar em sua rotina, seja no campo profissional ou mesmo no campo pessoal, indícios diários de negociações acontecendo ao seu redor.

1.2 POR QUE USAMOS A NEGOCIAÇÃO?

São vários os motivos que nos levam a um processo de negociação, em outras palavras, a exercitar a capacidade de negociar, e eles podem variar de acordo com as necessidades ou objetivos de cada uma das pessoas envolvidas no processo.

Vou começar trazendo alguns exemplos de negociação bastante comuns no dia a dia antes de trazer um embasamento teórico voltado para o estudo acadêmico do tema, acredito que dessa forma facilitará bastante sua percepção a respeito do que estamos falando nesse tópico.

Todos os dias pela manhã você negocia com seu despertador se vai levantar ou se vai ficar mais cinco minutinhos na cama.

Tudo bem é um exemplo bastante raso, mas que, de certa forma, possibilita o entendimento do que estamos falando até aqui.

Quer outro exemplo?

Imagine um pai e um filho discutindo sobre o empréstimo do carro para que o jovem rapaz possa ir a uma festa com a namorada, no exato momento do pedido inicia-se um processo, por vezes árduo, de negociação, e entre os assuntos trazidos à tona pelo pai, o dono do carro a ser emprestado, possivelmente será abordado a que horas o filho pretende retornar, onde ele pretende estacionar o carro, quanto ele pensa em colocar de combustível, se ele tem como arcar com os custos do combustível entre uma infinidade de outras possibilidades.

A cada resposta do filho outra pergunta pode surgir ou ainda uma não concordância que leve a novas possibilidades, por exemplo, "volto amanhã de manhã", e o pai contra-argumenta: "nada disso, quero o carro aqui no máximo até meia-noite", e novas contra-argumentações vão surgindo até que, finalmente, chega-se a um acordo.

Pronto, o processo terminou e quando as partes se dão por satisfeitas pelo resultado temos o que no processo de negociação chamamos de negociação "ganha-ganha", aquela onde todos se dão por satisfeitos com o resultado.

Outro exemplo comum de negociação é quando você está vendendo ou comprando um carro.

As negociações sobre preço, prazo de pagamento ou de entrega, taxas, quantidades de parcelas, acessórios que podem ser incorporados sem custos ou a um custo menor e uma infinidade de possibilidades podem fazer você conseguir um excelente negócio, ou não, tudo vai depender de sua capacidade e habilidade de estabelecer um processo onde, por vezes, será preciso abrir mão de certas coisas em detrimento de outras para que mais uma vez se consiga chegar o mais próximo possível de algo que seja bom para todos.

Agora que está ficando cada vez mais claro que não há como fugir do ato de negociar, vamos ver outros motivos ou comportamentos utilizados e que fazem com que as pessoas precisem iniciar processos de negociação? Vamos em frente, então.

1.2.1 Negociação para obter vantagens

O foco principal nesse tipo de negociação é obter melhores resultados no processo em relação à outra parte, mas geralmente essa vantagem acaba sendo conseguida com base no prejuízo atribuído ao outro lado.

Esse tipo de condução na hora de negociar é conhecido como negociação "ganha-perde" (Martinelli; Almeida, 2009, p. 23).

Parece-me claro que sempre que se inicia um processo de negociação junto acontece a necessidade de satisfazer algum interesse, e é muito difícil (isso para não dizer impossível) retirar do instinto natural do ser humano a vontade de, vamos assim definir, levar vantagem. Pelo menos para mim com o passar do tempo e a experiência corporativa pude observar que processos em que os dois lados ganham tendem a melhorar a confiança entre as partes envolvidas além de apresentar melhores resultados a médio e longo prazo.

Acho que o ponto aqui é tentar conseguir o melhor sem prejudicar a outra parte e talvez eu devesse até levantar questões éticas, mas creio que nem seja necessário ou até fuja do cerne ou do propósito do livro.

Por outro lado, a simples menção do termo "ética" certamente fará você refletir sobre o quanto posturas, sejam elas positivas ou negativas, em algum momento influenciarão relacionamentos, o que de certa forma tende a impactar no processo de negociação, concorda?

No mundo corporativo me deparei com pessoas de todos os tipos e acreditem, algumas situações me mostraram que é possível conseguir resultados muitas vezes até interessantes pensando apenas a partir do seu ponto de vista, mas esses resultados não se sustentam e ficam restritos ao curto prazo, e como professor universitário (e gestor de pessoas) prefiro investir em resultados robustos que se mantenham por muito mais tempo.

1.2.2 Uso da informação na negociação

Mais uma vez inicio um tópico com um questionamento: será que a informação é importante no processo de negociação?

Garanto a vocês que é um dos fatores mais importantes, se não for o mais importante, e muitas pessoas cometem o erro de achar que a negociação pode ser feita no escuro sem a necessidade de buscar informações sobre o que ou quem se vai enfrentar.

Não ter as informações necessárias implica em navegar sem bússola e dependendo de quem está do outro lado da mesa, a condução e as estratégias podem te levar para onde você menos espera.

Outro ponto que julgo importante abordar por aqui é nunca menosprezar a pessoa que está do outro lado da mesa, principalmente se você não tiver informações que possam te ajudar a mostrar seus pontos de vista e colocar suas opiniões antes do desfecho do processo.

Navegar sem bússola é perigoso, pois atrapalha nas tomadas de decisão e quando se decide de maneira equivocada muitas vezes o resultado é irreversível.

Uma coisa que pode ser feita e que certamente auxiliará você nas tomadas de decisão é a criação de indicadores numéricos que possam transformar problemas em números e assim serem apresentados graficamente, certamente facilitará sua visão sobre o assunto além de criar diversos pontos de informação.

Talvez você deva estar pensando o quanto é trabalhoso buscar informações que te deixem preparado para o passo a seguir, e eu te diria que sim, dá bastante trabalho, mas com certeza os resultados, no final das contas, te farão ver que todo investimento em tempo e pesquisa terão valido a pena.

Não se esqueça de criar um banco de dados com informações importantes, elas poderão ser úteis no futuro além de garantir tempo para investir em outros pontos igualmente importantes, infelizmente não temos o hábito nem a cultura de criar histórico das coisas, inclusive dos erros que podem vir a ser um ponto importantíssimo de aprendizagem caso aconteçam novamente no futuro, e acreditem, eles sempre acontecem.

O levantamento de dados sempre auxiliará na hora da tomada de decisão, por esse motivo acredito que esse seja um dos pontos mais importantes no processo de negociação, lembre-se, negociar no escuro sempre pode levar a um resultado diferente do pretendido.

1.2.3   Uso do poder na negociação

No mundo corporativo a palavra "poder" pode ser entendida de diferentes maneiras, por exemplo, o poder atribuído a alguém a partir do cargo que ela ocupa (poder de delegar, de dar ordens), o poder de decisão (quem contratar, quem demitir, quem promover), entre outros vários tipos amplamente apresentados e disponíveis na literatura sobre o assunto.

Para exemplificar esse tópico, no entanto, vou recorrer aos tipos de dominação segundo o intelectual, jurista e economista Maximilian Karl Emil Weber (1864-1920), ou simplesmente Max Weber, considerado um dos principais expoentes da Sociologia.

De acordo com Weber (2009, p. 33) "poder significa toda probabilidade de impor a própria vontade numa relação social, mesmo contra resistências, seja qual for o fundamento dessa probabilidade", ou seja, uma forma de imposição da vontade de uma parte sobre outra, sejam essas partes pessoas ou mesmo instituições.

Se por um lado temos o poder que nada mais é do que o exercício da vontade de alguém, de outro lado temos a dominação que afere autoridade a quem pratica o poder, em outras palavras, a dominação se torna legítima a partir da aceitação de quem aceita ordens, sejam elas específicas ou não.

E para que o poder seja legítimo é necessário que a dominação se enquadre num dos três tipos de dominação legítima:

- **Dominação Legal:** essa é a forma mais oficial de legitimidade da dominação, por exemplo, a legislação vigente, o poder das instituições que compõem o Estado como a polícia e o Exército ou a relação hierárquica em uma organização.
- **Dominação Tradicional:** como o próprio nome sugere tem a ver com um tipo de dominação pautada na tradição e no respeito bastante comum no sistema patriarcal. Um exemplo é o sacerdote que utiliza de sua autoridade para transmitir a palavra de Deus.
- **Dominação Carismática:** esse tipo de dominação se dá a partir da devoção que as pessoas reconhecem nas pessoas que têm a capacidade de mobilizar e comandar as massas, algumas vezes se utilizando inclusive da crença e da fé.

Como é possível perceber o poder na negociação pode ser utilizado de diferentes maneiras (inclusive maneiras negativas que buscam atender apenas um objetivo pessoal e específico) e em diferentes momentos, inclusive simultaneamente, por isso é de fundamental importância entender os tipos de poder que podem ser utilizados no momento da negociação, pois tudo vai depender das pessoas envolvidas além de suas características pessoais.

1.2.4 Negociação para buscar acordos

Talvez esse seja o tipo de negociação mais próximo do ideal, e é como lembra Acuff (1993, p. 21) que "negociação é o processo de comunicação com o propósito de atingir um acordo agradável sobre diferentes ideias e necessidades".

Negociar é muito mais do que apenas atingir seus objetivos, seja lá quais forem os recursos empregados para tal, atualmente negociar está diretamente ligado com alcançar algo positivo, mas é importante garantir que a outra parte também sairá satisfeita do processo de negociação.

Negociação importa em acordo (Matos, 1989), ou seja, na busca dos interesses comuns, particularmente não consigo imaginar essa busca sem que se estabeleça uma relação cordial, baseada no diálogo e principalmente na busca de interesses que possam existir de maneira mútua entre todas as partes envolvidas.

É claro que surgirão divergências antes que se chegue ao entendimento que atenda todos os lados, mas é a partir da administração desses eventuais conflitos que se chega, ou pelo menos se aproxima do mais próximo possível do ideal de um acordo que seja satisfatório.

É importante salientar que toda negociação, em algum momento, envolverá algum tipo de concessão, portanto, não importa o quanto você é capaz de convencer as pessoas, em algum momento você precisará dar um passo atrás e repensar sua abordagem.

Na verdade, isso poderá acontecer várias vezes até que se chegue ao acordo satisfatório, porém o mais importante talvez seja a capacidade de fazer com que todos se sintam satisfeitos com o resultado a ponto de fazer com que negociações futuras se tornem mais rápidas e mais fáceis para todos, fato esse extremamente simples quando pensado no campo da teoria, mas nem tanto assim na prática.

Estamos falando de um processo que envolve pessoas, diferentes entre si, diferentes em seu comportamento e em seus objetivos, é por isso que não tem como não falar de pessoas quando se aborda o tema negociação, e para que seja possível continuar a construção do pensamento que leva ao entendimento não só do tema em si, mas de maneira ampla abordando seus conceitos no âmbito internacional, falaremos no próximo capítulo um pouco mais sobre esse elemento importantíssimo no processo de negociação, as pessoas.

2   PESSOAS

Antes de iniciar esse capítulo me responda uma pergunta: você consegue imaginar um processo de negociação, seja por aqui ou em qualquer lugar do mundo onde não haja pessoas envolvidas?

Acho muito pouco provável que alguém tenha pensado em responder que sim. Não consigo imaginar um processo que não envolva pessoas, mas não vou cravar que não existe, pois não quero correr o risco de ser surpreendido com alguma coisa que ainda não consigo enxergar.

O mundo é tão dinâmico quando se pensa em mudanças que é sempre bom adotar um discurso cauteloso, eu pelo menos penso dessa forma, mas não dá para falar de negociação e não falar de pessoas afinal sempre haverá a necessidade de duas ou mais delas tentando argumentar e convencer o outro lado que suas ideias merecem e precisam ser levadas em conta antes do desfecho final da negociação.

Vejo isso todo semestre em sala de aula quando são propostos trabalhos em grupo. Muitas vezes o conflito é tão grande que os grupos e as amizades ficam abaladas, mas falaremos mais sobre conflito no capítulo 3.

Saber lidar com pessoas é uma competência cada vez mais exigida no mundo corporativo, talvez por causa do que começamos a abordar nesse capítulo, e é como eu sempre digo aos meus alunos, aprender os processos é mais fácil do que aprender a gerenciar pessoas, por isso acredito que as pessoas que desenvolvem essa competência largam na frente em relação às outras.

Não pretendo me aprofundar na gestão de pessoas propriamente dita por aqui, daria para escrever um livro só falando disso, mas acredito que seja importante abordar alguns pontos para que seja possível pelo menos refletir não só sobre importância das pessoas em qualquer processo como também dar a você leitor a oportunidade de fazer uma reflexão sobre pontos que talvez sejam importantes considerar investir pensando em seu desenvolvimento profissional.

É sempre bom lembrar que quando falamos de pessoas não estamos falando apenas de homem e mulher, que por si só seria mais que suficiente para deixar claro uma série de diferenças de posturas e comportamentos, mas outras questões devem também ser levadas em conta quando falamos de seres humanos, seja no mundo corporativo, acadêmico ou mesmo no dia a dia.

Consigo pensar em uma série de fatores que tornam a convivência e a gestão das pessoas um pouquinho mais complicado, por exemplo, idade, estilo de vida, classe social, religião, cultura, isso só para citar alguns pontos, se formos nos aprofundar no assunto são tantas características que poderão aparecer que talvez fique claro para você o que quero dizer quando afirmo que, para mim, é mais fácil aprender os processos do que aprender a gerenciar pessoas.

Mas para que possamos ir de vez ao que interessa, vou começar trazendo algo que é muito comum ouvir no mundo corporativo e que particularmente eu concordo: "as pessoas são o maior patrimônio de qualquer negócio".

Para falar a verdade acredito que minha formação[3] também ajuda a acreditar nisso, e para que seja possível trazer os motivos pelos quais comecei a enxergar a importância das pessoas em quaisquer que sejam os processos de gestão, se faz necessário falar um pouco mais sobre isso.

2.1 PESSOAS, O MAIOR PATRIMÔNIO DE UM NEGÓCIO

Talvez você nem concorde totalmente comigo quando digo que as pessoas são o maior patrimônio de um negócio, ou não concorde em partes, mas se você olhar com calma talvez perceba sua importância no alcance de objetivos, falaremos sobre isso em breve.

Sempre que inicio uma aula de gestão lembro que pessoas e a organização são essenciais para que a mágica aconteça, em outras palavras, as organizações precisam das pessoas para alcançar seus objetivos e as pessoas, por sua vez, necessitam das empresas para poder viabilizar os seus.

Não vou entrar no mérito aqui dos objetivos organizacionais, mas, para que não fiquem dúvidas, pense no que as empresas almejam a curto, médio e longo prazo, posso citar aqui, como salienta Chiavenato (2014) alguns exemplos como sobrevivência, crescimento sustentado, redução de custos, participação no mercado, entre outros.

---

3   Para justificar minha afirmação acho importante dizer que sou Bacharel em Administração de Empresas com Pós-graduação em Gestão de RH e Psicologia Organizacional e em Docência no Ensino Superior e Mestre em Psicologia da Saúde (nota do autor).

Já as pessoas, diferentes entre si em vários aspectos que já foram citados, também possuem objetivos que o autor chama de pessoais ou individuais, mas antes de entrar nesse assunto vamos falar um pouco mais sobre a importância delas nos processos organizacionais.

Só para que fique claro meu ponto de vista, imagine um processo de Recrutamento e Seleção, não os processos tradicionais que muitas organizações ainda adotam, que remontam do século passado, me refiro a um processo em que se busque uma pessoa com as competências necessárias, não para fechar a vaga, mas para ocupar o cargo vago de acordo com as exigências do cargo em questão. Se você pensar com calma vai perceber que isso vai muito além de apenas contratar alguém.

Essa pessoa será responsável por todas as demandas do cargo, logo a contratação não pode (mesmo sabendo que pode acontecer) ser equivocada, na grande maioria das vezes não haverá tempo para adaptação ou treinamento, a pessoa precisa chegar dando resultado.

Em alguns casos há um processo de investimento pessoal por parte da organização, no que se refere ao aumento de competências individuais ou coletivas, e é claro que se espera um retorno, como então não achar que realmente somos o maior patrimônio de um negócio?

Talvez você pense nos investimentos tecnológicos ou de infraestrutura e se pergunte se eles também não são importantes, e eu te respondo: "É claro que são", mas experimente tirar as pessoas para ver o que acontece... Sem tecnologia ou com infraestrutura precária ainda é possível alcançar bons resultados, ou pelo menos algo próximo disso.

Perceba que o ponto aqui não é tentar te convencer das coisas que acredito, mas te fazer refletir sobre pontos que muitas vezes não são trazidos para discussão com a profundidade que eu acredito que mereçam ou que precisem.

Outro ponto para embasar meu pensamento é o custo de uma pessoa para o negócio.

Quanto custa contratar? Quanto custa manter? Quanto custa investir no desenvolvimento? Quanto custa demitir?

Estou utilizando a palavra custo no sentido de valor de investimento em uma pessoa e não como custo pura e simplesmente, mas tenho a certeza que para alguns negócios talvez as pessoas não sejam realmente tão importantes assim e talvez por isso sejam vistas apenas como custo, mas não é disso que estamos falando.

Ficou claro meu ponto de vista quando falo do custo do investimento e da importância das pessoas dentro desse contexto?

Então é chegada a hora de nos aprofundarmos nos desejos e necessidades desse ativo, afinal, os objetivos individuais podem ser o resultado do ficar ou sair de uma empresa e convenhamos não dá para gerenciar sem se preocupar com a perda do maior ativo do negócio não é mesmo?

2.2　OBJETIVOS PESSOAIS OU INDIVIDUAIS

Antes de prosseguir acho pertinente definir objetivos para que não restem dúvidas sobre o que estamos falando, e para tal vou recorrer mais uma vez a Chiavenato (2014) que afirma que estamos falando de "resultados desejados que se pretenda alcançar dentro de um período de tempo específico".

Logo para se alcançar um objetivo pressupõe-se algo que, infelizmente, ainda carece de melhorias na cultura brasileira, o planejamento.

O autor lembra ainda que os objetivos precisam atender a seis critérios simultaneamente, são eles:

1. **Serem focados em um resultado a atingir:** talvez esse seja um dos grandes erros quando se pensa em alcançar um objetivo, pois muitas pessoas ainda acreditam que o mais importante seja a atividade em si e não onde se pretende chegar sem se esquecer de como se pretende fazer isso;

2. **Serem consistentes:** é importante que outros objetivos e metas que fazem parte do planejamento estratégico estejam ligados coerentemente afinal o que se deseja no final das contas é chegar ao objetivo principal e não a diversos locais isoladamente;

3. **Serem específicos:** outro ponto importante que o autor nos lembra é da importância de se saber onde se pretende chegar, ou seja, os objetivos precisam ser bem pensados e bem definidos. Vale atentar para a importância e a necessidade de se conhecer os recursos de que dispõe, pois outro erro estratégico é estimar alcançar algo que está além de suas possibilidades;

4. **Serem mensuráveis:** se não tem como medir não tem como acompanhar e se não tem como acompanhar não tem como corrigir os eventuais problemas que surgirem;

5. **Serem relacionados a um determinado período:** objetivos não podem ser para um dia qualquer, eles precisam ter um término previsto para que novos objetivos sejam traçados então é importante definir qual é o prazo estimado seja em dias, meses ou mesmo em anos; e por fim...

6. **Serem alcançáveis:** eu costumo dizer que você pode traçar o objetivo que quiser para você, mas a pergunta que fica é se eles podem ser alcançados, ou seja, se eles são possíveis, caso contrário você pode cair na armadilha do sonho, que muitas vezes ficam apenas no imaginário e não se realizam nunca.

Assim como no caso das organizações a literatura também apresenta uma série de exemplos de objetivos que fazem parte dos desejos de qualquer pessoa, e podem estar relacionados tanto a aspectos pessoais como a aspectos profissionais.

No campo pessoal podemos citar vários exemplos: o objetivo de concluir os estudos, aprender um novo idioma, fazer uma viagem para o exterior, comprar um carro novo, dar entrada na casa própria, garantir os estudos dos filhos e tantos outros exemplos que, certamente, não caberiam aqui.

Já no campo profissional podemos citar conseguir um bom emprego, mudar de emprego, melhores benefícios, uma promoção, reconhecimento profissional, valorização, possibilidade de desenvolvimento, entre outros.

Agora imaginem ter que gerenciar todas essas diferenças e particularidades ou ainda ser o responsável por uma equipe cujos objetivos são a busca de bons resultados a partir de processos individuais ou coletivos de negociação, percebe como a tarefa exige realmente dedicação e empenho?

Para finalizar esse tópico acho importante lembrar também que os objetivos pessoais e os objetivos organizacionais precisam encontrar um ponto de equilíbrio, em outras palavras, um não deve se sobrepor ao outro, pois todos têm seu tempo, suas características e suas prioridades, cabe a cada um de nós entender essa hierarquia e conduzir os processos da melhor maneira possível.

2.3 TRABALHANDO EM EQUIPE

Acho que a essa altura já está bastante claro a importância das pessoas em qualquer tipo de processo, e com a negociação não é diferente.

Sem pessoas preparadas e com habilidades específicas para o momento de negociar a chance de alcançar um bom resultado se reduz bastante, mas como dito, anteriormente, acredito de verdade que é possível desenvolver bons negociadores para atuar nas diferentes situações que surgirem.

Já vimos aqui alguns motivos que nos leva a negociar, mas se pararmos para pensar friamente é bem possível que cheguemos à conclusão que negociamos para resolver algum problema, ou pelo menos para buscar um consenso entre as partes envolvidas.

Acredite não é tarefa simples chegar a um consenso, e quanto mais pessoas estiverem envolvidas no processo mais difícil será a tarefa, pois envolve em muitos momentos ter que renunciar àquilo que você acredita e pensar no que é melhor para o todo e não para você.

Com isso, se faz necessário abordar outro tema igualmente importante para que seja possível alcançar resultados satisfatórios em um processo de negociação, a habilidade de trabalhar em equipe, competência bastante valorizada e que infelizmente ainda precisa ser melhorada.

Atuo na docência há bastante tempo e mesmo insistindo todo semestre na importância dessa competência o que tenho visto na prática é um processo que parece seguir o caminho contrário, o que pelo menos para mim soa engraçado, afinal,

Fayol[4] já falava da importância de saber trabalhar em conjunto desde o início do século XX.

Uma pergunta recorrente sobre o tema é qual a diferença entre grupo e equipe? Será que é a mesma coisa?

Bom, tentarei ser o menos acadêmico possível para responder essa questão de uma forma que não restem dúvidas quando você pensar sobre o assunto.

Grosso modo, podemos entender um grupo como pessoas que se juntam eventualmente, porém sem um objetivo específico. A palavra "eventualmente" faz toda a diferença no entendimento dos conceitos.

Um exemplo disso são colegas de trabalho que se juntam para jogar futebol após o expediente. Não há o compromisso de que todos estejam presentes em todos os encontros, eles apenas se reúnem eventualmente para fazer algo de que gostam, ou seja, um gosto que possuem em comum.

Equipe é diferente, todos têm (ou pelo menos deveriam ter) o mesmo objetivo, conhecem os prazos e sabem qual o seu papel dentro da equipe.

Vou tentar dar um exemplo para que fique mais fácil seu entendimento, pense em uma turma de universidade no primeiro dia de aula do curso. O professor sugere um trabalho que deverá ser feito em grupo e entregue no final do semestre e pede que as pessoas se organizem na formação desses grupos.

Vamos imaginar que não há entre os presentes pessoas que já se conheçam então o mais provável é que os grupos se formem a partir da proximidade entre as pessoas, não é comum

---

4   Jules Henri Fayol (1841-1925) foi um engenheiro nascido em Istambul e formado pela *Ecole des Mines de Saint-Etienne* e um dos principais expoentes da Teoria Clássica da Administração (nota do autor).

que pessoas sentadas na frente procurem pessoas do fundo ou do meio para formar seus grupos, e o mesmo acontece com as outras pessoas na sala como um todo.

Após um primeiro contato as pessoas vão formando seus grupos, se conhecendo melhor (falaremos melhor sobre isso mais à frente) e aguardando as próximas orientações.

Pronto, temos as equipes formadas, certo? Na verdade, não é bem assim.

Muitos desses grupos não conseguirão se transformar em equipes na real concepção da palavra e com a capacidade de apresentar bons resultados ao longo dos semestres do curso, alguns grupos inclusive vão se desfazer ao longo do caminho.

Observem que temos aqui um objetivo a ser alcançado que é a entrega de um trabalho no final do semestre, o próximo passo então é fazer com que esse grupo mude seu status para "equipe" e esse será o grande desafio de seus membros.

Apesar de, *a priori*, parecer que todos têm o mesmo objetivo e que isso por si só já faz da união dessas pessoas uma equipe, o que se vê, na verdade, não é bem isso.

Muitos, na verdade, vão mostrando com o passar do tempo que não estão envolvidos ou mesmo preocupados com o objetivo, e esse é um dos motivos, talvez o principal, do término dessa relação que deveria ser simples como na teoria, ou seja, pessoas que se juntam para o alcance de um objetivo onde cada uma sabe seu papel, conhecem os prazos, suas responsabilidades e o principal, cumprem o que foi combinado.

Mas como transformar o que a princípio é apenas uma união de pessoas que não, necessariamente, possuem o mesmo objetivo em uma equipe eficiente?

Vamos falar um pouco mais sobre isso.

2.4 FORMAÇÃO DE EQUIPES

A essa altura acredito que as diferenças básicas entre grupos e equipes estejam bastante claras, então vamos avançar um pouco e falar sobre os passos principais na evolução da formação inicial de um grupo até que ele possa atingir o status de equipe, e pensando no tema central desse livro com certeza é o que se espera de pessoas que se juntam para buscar um resultado minimamente satisfatório em uma negociação em conjunto.

As fases de formação de uma equipe podem variar um pouco dependendo do autor pesquisado, eu particularmente gosto bastante do modelo de cinco estágios proposto por Tuckman (1977), fruto de extensa revisão literária em diversos artigos científicos da época, mas que ainda me parecem bastante atuais.

2.4.1 Formação (*forming*)

Essa fase trata do primeiro contato entre os membros do que se espera ser uma equipe no futuro. Lembra-se do exemplo do grupo formado em sala de aula para realizar um trabalho a ser entregue? É exatamente esse o momento.

Se as pessoas ainda não se conhecem como no exemplo citado, o que se pode observar aqui é um momento em que as pessoas tendem a não se expor muito, ouvir mais do que falar e tentar entender o que está acontecendo e conhecer um pouco melhor o novo ambiente em que está sendo inserido.

Dificilmente nessa fase as pessoas se mostram como realmente são, o mais comum aqui é observar e tentar conhecer um pouco melhor os propósitos da formação desse grupo e principalmente as características individuais de cada membro.

Essa fase geralmente se caracteriza pela grande quantidade de incertezas acerca dos objetivos e intenções das pessoas bem como pela falta, na grande maioria das vezes, de uma liderança ou ainda clareza das responsabilidades de cada membro.

Claro que isso não é totalmente uma regra, o que estou trazendo aqui diz respeito ao que geralmente acontece, mas sempre há exceções, pois algumas pessoas costumam se posicionar e deixar claro suas ideias e características pessoais desde o primeiro instante, já eu como um bom observador prefiro prestar atenção inicialmente para poder formar minhas impressões sobre cada um.

2.4.2 Tempestade (*storming*)

Essa fase apresenta como característica o momento em que as pessoas tendem a se enxergar como membro daquele grupo e por esse motivo se sentem mais confortáveis para expressar suas ideias e se mostrar como realmente são.

Outra característica bastante comum nessa fase é o surgimento de conflitos, pois é possível que haja um confronto para se estabelecer, por exemplo, um regime de hierarquia entre os membros. Falaremos mais sobre conflitos no capítulo 4.

Muitos grupos não conseguem passar dessa fase, pois é preciso entender algo que nem sempre as pessoas estão dispostas a fazer, em outras palavras ter a capacidade de ceder em prol do todo, mas convenhamos que nem sempre estamos dispostos a renunciar àquilo que acreditamos para dar espaço a outras ideias.

É possível que haja bastante resistência por parte de alguns membros, e isso também precisa ser administrado e superado da melhor maneira possível e no menor tempo, pois quanto mais esses focos negativos persistirem maior a probabilidade de que o grupo não consiga avançar rumo à coesão e, nesse caso, é muito provável que esse grupo esteja com seus dias contados o que convenhamos impactará significativamente no resulto esperado.

2.4.3 Normatização (*norming*)

Como eu disse no parágrafo anterior, nem todos os grupos conseguem avançar para essa fase, mas os que superam os dois primeiros estágios têm grande possibilidade de mudar de patamar e não só serem vistos como equipe, como também aumentam as chances de conseguir trabalhar como equipes.

Em alguns casos os grupos conseguem avançar apenas substituindo alguns de seus membros menos comprometidos e o que se observa nessa fase é que as responsabilidades estão definidas e claras, cada um reconhece seu papel e todos sabem o que a equipe espera de cada um no que se refere à execução.

Os objetivos gerais também estão claros e todos caminham na mesma direção buscando fazer a sua parte da melhor maneira possível para que na soma das partes individuais o coletivo seja amplamente beneficiado.

A coordenação das ações parecem ser algo tão simples e natural que as coisas acontecem naturalmente sem a necessidade de muitos comandos afinal como já foi dito cada um sabe seu papel na condução dos trabalhos.

Dessa forma só resta, então, colocar a mão na massa e passar para o próximo estágio, o da execução propriamente dita.

2.4.4 Desempenho (*performing*)

É nessa fase que os membros colocam suas energias em coisas que realmente importam, ou seja, a execução do trabalho.

É importante lembrar que apesar de não existir uma relação hierárquica formal, muitas vezes, o estabelecimento da liderança se dá por força da execução do próprio trabalho em equipe, onde as pessoas se revezam nessa tarefa de acordo com a necessidade ou características do momento.

Claro que algumas pessoas têm em si características naturais de liderança, mas numa equipe de trabalho é importante saber que não vamos liderar o tempo todo, em alguns momentos fatalmente seremos liderados, e entender isso também faz parte do amadurecimento da equipe.

Mas existe um ponto a ser considerado que é o fato de a equipe poder ser permanente ou não.

Caso a equipe seja permanente esse estágio tende a ser o último e o que se espera é que com o passar do tempo seus membros consigam evoluir e melhorar cada vez mais o desempenho coletivo, mas existe também a possibilidade de estarmos frente a uma equipe com prazo de validade, nesse caso se faz necessário um último estágio que chamamos de interrupção, suspensão ou encerramento.

2.4.5 Interrupção/Encerramento (*Adjourning/ Transfering*)

No último estágio das equipes temporárias precisa haver a clareza de qual o próximo passo a ser tomado, pois ela pode ser apenas suspensa temporariamente ou encerrada por causa da conclusão do projeto ou atividade.

Caso ela seja apenas suspensa, por exemplo, o grupo da faculdade ao término do semestre, seus membros ficarão separados até o retorno e até ter contato com o novo trabalho, quando a equipe é reativada.

Se por acaso os membros forem os mesmos o que se espera é que a coesão alcançada no semestre anterior seja mantida e que o novo desafio seja encarado com o mesmo entusiasmo e profissionalismo do semestre anterior, no entanto, existe a possibilidade de novos membros terem sido incorporados, nesse caso a formação passará necessariamente por todos os estágios novamente.

Se, por outro lado, a equipe for encerrada possivelmente novas equipes podem vir a ser formadas e nesse caso também haverá a necessidade de observar os cinco estágios para saber se os novos grupos virão ou não a ser equipes no futuro.

Dois pontos precisam ser considerados no que se refere ao avanço de fases à medida que as equipes vão amadurecendo, que são as pessoas que, teoricamente, desenvolvem e melhoram suas competências para atuar em equipe, e os gestores que também aprendem como lidar e tirar o melhor de cada um para que o todo seja igualmente beneficiado.

Talvez você esteja se perguntando a essa altura quanto tempo as equipes em média demoram a passar de uma fase para outra, e eu te respondo, depende.

O que se espera é que com o passar do tempo os membros das equipes e os gestores desenvolvam uma capacidade de lidar com as dificuldades de uma maneira diferente do início, lá na formação, a ponto de conseguir superá-las com facilidade e num menor espaço de tempo, mas isso também não é uma regra, pois estamos falando de pessoas, diferentes, inconstantes e com objetivos individuais.

A passagem de um estágio para o outro não é marcado por uma linha clara do tempo, muitas vezes pode acontecer de diferentes maneiras e ao mesmo tempo, mas as características citadas até aqui dão uma ideia clara em qual estágio determinada equipe se encontra.

Não sei se nesse ponto do livro você parou para pensar que tudo que abordamos até o momento passa necessariamente por algo que fazemos desde que nascemos, mas que, infelizmente, ainda é atualmente um dos pontos mais frágeis, principalmente em organizações, e se você não sabe ainda sobre o que estou falando vamos abordar o assunto um pouco melhor no capítulo a seguir, vamos falar sobre a comunicação.

3 COMUNICAÇÃO

Comunicação não deveria ser um tema difícil de abordar, afinal, lidamos com isso, de alguma forma, desde antes de nascermos. Se você considerar o bebê reagindo a estímulos de pessoas do lado de fora, a ponto de "se comunicar" se contorcendo no ventre da mãe, não me parece tão absurdo o que acabei de dizer.

Claro que não estou entrando em um campo de discussão se o que acabei de dizer se caracteriza ou não como um ato de se comunicar, apenas estabeleci (ou tentei) parâmetros para justificar o fato de que a comunicação é sim algo presente na vida de todo e qualquer ser humano.

Se isso é um fato que deve sim ser considerado, por que então a comunicação é tão falha em diferentes aspectos onde ela se faz necessária?

Bom, não tenho a intenção de buscar respostas para essa pergunta e sim de estabelecer parâmetros que faça com que você consiga perceber o quão ela é importante na negociação, dessa forma tenho plena convicção que estarei contribuindo para o desenvolvimento de competências que serão importantes quando você estiver, por exemplo, se aprofundando no assunto.

Uma vez, com o perdão do trocadilho, ouvi de um amigo que a comunicação passa necessariamente por saber escutar, e a partir dessa frase comecei a perceber que naturalmente ouvimos, afinal trata-se de um processo mecânico relacionado com o sentido da audição, mas quanto a escutar que passa necessariamente por um querer individual, não somos tão bons quanto pensamos.

Sempre falo de um chefe que tive e de como ele agia quando nos chamava em sua sala. Por ter a capacidade de digitar olhando para a tela continuava escrevendo enquanto falávamos com ele e mesmo ele dizendo que estava ouvindo sempre me deu a impressão de que ele estava longe de nos escutar.

Mas foi em sala de aula que percebi isso com maior clareza, principalmente em aulas noturnas com alunos cansados ou pouco interessados o quanto o ouvir e o escutar são diferentes em um processo de comunicação eficiente, nas provas isso ficava mais claro ainda.

Vale salientar que no caso de uma sala de aula o processo de escutar pode ser falho tanto de um lado quanto de outro, afinal não estou isentando professores que muitas vezes também, independente do motivo, não conseguem escutar com eficiência.

Mas levando para o campo teórico será que a definição do conceito pode ajudar pelo menos na tentativa de fazer com que as pessoas busquem melhorar seu processo de comunicação? É o que pretendo fazer a seguir.

3.1 DEFININDO COMUNICAÇÃO

Existem diversos estudos onde é possível encontrar diferentes definições para entender o que se quer dizer com comunicação, desde estudos recentes como estudos antigos e apenas por uma questão de escolha pessoal decidi apresentar dois conceitos da década de 1970 do século passado apenas para mostrar que eles evoluem, mas não mudam muito em sua essência.

Cherry (1971) diz que a comunicação é "o estabelecimento de uma unidade social entre seres humanos pela utilização de signos de linguagem", enquanto Dewey (1978) amplia o entendimento dizendo que comunicação "é o processo de partilhar experiências para que se tornem patrimônio comum".

As duas definições me remetem de maneira extremamente simples ao seguinte entendimento: alguém fala alguma coisa para outra pessoa, que precisa entender a mensagem e responder se entendeu ou não para que o processo de comunicação se feche.

Partir do princípio de que o outro entendeu a mensagem, apenas porque você acredita que está clara ou é óbvia demais é um erro enorme no processo de comunicação.

Vou dar um exemplo.

Imagine um professor em sala de aula falando sobre um determinado assunto, que ele julga simples ou óbvio demais para aquela turma, e ele vai falando sem se preocupar com o outro lado, ou seja, quem recebe a mensagem.

Ao final ele até solicita *feedback* da turma quanto a dúvidas, mas a gente sabe que nem sempre haverá retorno por diversos motivos que não vou abordar aqui, e o que acontece é que na cabeça dele a comunicação foi eficiente, ele abordou os assuntos e todos entenderam.

Se por acaso algum aluno não tiver entendido algo e não deixar isso claro, temos então a constatação de que a comunicação não foi eficiente, pois o emissor (professor) acredita que atingiu seu objetivo, mas o receptor (aluno) não entendeu a mensagem, ou seja, não houve comunicação.

Existe ainda a possibilidade de o professor não solicitar *feedback*, pois talvez acredite no que já falamos quanto ao óbvio, aí que o processo não se fecha mesmo.

A situação ideal aqui seria o professor abordar os assuntos e os receptores darem a devolutiva, se entenderam a comunicação foi eficiente, porém se restarem dúvidas e elas forem trazidas à tona, o processo não se encerra e deve ser retomado até que o receptor tenha condições de dizer que entendeu a mensagem.

Para um aprofundamento do conceito recorrerei ao psicólogo e cientista político norte-americano Harol D. Laswell (1902-1978) que em seu famoso livro de 1935 intitulado *"Politics: who gets, what, when, how?"* propôs que o processo de comunicação é composto de cinco elementos distintos, porém interligados, falarei de cada um deles separadamente a seguir.

3.2 O PROCESSO DE COMUNICAÇÃO, SEGUNDO LASSWELL

Ainda que seja possível encontrar diversos modelos relativamente parecidos em sua essência disponíveis na literatura a respeito do processo de comunicação, o modelo proposto por Laswell talvez seja o mais conhecido em seu estudo (Oliveira, 2010, p. 309).

Basicamente o autor propôs um processo de comunicação dividido da seguinte forma:

- Emissor (quem comunica?);
- Receptor (a quem comunica?);
- Mensagem (o que comunica?);
- Canal (por qual meio comunica?);
- Impacto da mensagem (com que efeito comunica?).

Vamos aprofundar cada um dos conceitos do autor separadamente para um melhor entendimento.

3.2.1 Emissor

Emissor é o responsável pela mensagem que precisa ser passada, no exemplo que utilizei do professor em sala de aula ele faz o papel do emissor quando está explanando o conteúdo para os alunos.

É importante lembrar que a comunicação pode se dar de diferentes maneiras, por exemplo, verbal quando apenas se fala utilizando palavras para passar a mensagem que deseja; escrita quando se utiliza de recursos como a lousa ou apostilas; visual quando os recursos utilizados são computadores ou *Datashow*, entre outros. É possível dizer que esse tipo de comunicação se assemelha a comunicação não verbal, aquele tipo de comunicação que ocorre sem a necessidade da utilização da fala, só que de uma maneira um pouco mais específica.

3.2.2 Receptor

Ainda usando como exemplo a relação professor e aluno em sala de aula os alunos assumem então o papel de receptores enquanto os professores emitem as mensagens, em outras palavras passam o conteúdo.

Um ponto importante que o modelo de Laswell não destaca é a importância do *feedback* que já abordei aqui, pois é a partir dele que o receptor tem a condição de perceber se o processo de comunicação foi ou não eficiente.

A devolutiva por parte do aluno / receptor de que não entendeu a mensagem emitida torna-se um indicador importante para que o professor / emissor repense sua abordagem a respeito do assunto que está sendo tratado e tente novamente de outra forma.

É nesse ponto que a importância em saber escutar se faz presente, pois o receptor depende totalmente do entendimento do que foi dito para poder expressar se entendeu ou não a mensagem passada.

3.2.3 Mensagem

A mensagem é aquilo que se pretende comunicar, no exemplo da sala de aula podemos dizer que a mensagem é a matéria que está sendo dada em aula.

É importante que ela seja minimamente estruturada e clara, então parece ser possível afirmar que a habilidade de expor as ideias de forma acessível a todos também é uma habilidade que precisa ser desenvolvida.

Se o professor / emissor cair na armadilha de acreditar que o que ele está dizendo é óbvio (como já foi abordado em outro momento), provavelmente a mensagem não vai alcançar a todos da mesma maneira.

Outro exemplo de mensagem que provavelmente sofre algum tipo de problema de entendimento é quando o emissor se utiliza de termos que não são do conhecimento dos receptores, no exemplo que estamos utilizando é possível citar termos técnicos que os receptores desconhecem ou ainda palavras em outro idioma.

É comum nos cursos em que leciono a possibilidade de alunos de outras áreas de formação escolher matérias de outros cursos para compor sua grade, essa prática é chamada de "disciplina optativa", e esse é um bom exemplo de como a utilização de palavras específicas podem trazer dificuldades no entendimento afinal cada área possui naturalmente jargões específicos.

Quando isso acontece é preciso procurar outra maneira de enviar a mensagem de forma que ela se adeque à realidade daquele momento e dessa forma fazer com que a mensagem chegue a todos de forma a gerar o entendimento de todos.

Resumindo, se o receptor desconhece em partes ou em sua totalidade o código utilizado para emitir a mensagem não há como achar que ele entenderá o que está sendo passado.

3.2.4 Canal

O canal também pode variar de acordo com o que se pretende comunicar, por exemplo, pode ser uma mensagem falada, escrita, gravada, e os recursos utilizados também podem variar, podem-se utilizar e-mails, áudios pelo *Whatsapp* isso só para citar algumas possibilidades.

Há de se ter atenção nesse ponto, pois é possível o aparecimento de ruídos nas mensagens caso o canal não seja utilizado de maneira correta ou não seja o canal mais adequado para a emissão da mensagem.

Não me refiro aqui a ruído apenas como algum tipo de barulho externo que possa atrapalhar na compreensão da mensagem, mas tudo aquilo que possa atrapalhar seu entendimento.

Claro que o barulho também se caracteriza como ruído, no exemplo do professor em sala de aula se ele estiver tentando passar a mensagem, mas os alunos estão falando juntos e mais alto do que ele ficará praticamente impossível que os alunos que desejam ouvir a mensagem consigam entendê-la de maneira eficiente.

Mas como eu disse não é só isso que podemos caracterizar como ruído se ele, por exemplo, estiver utilizando slides e optar por um fundo muito claro, com fontes igualmente claras ou muito pequenas e que por causa disso dificultem o entendimento dos receptores isso também é considerado um ruído, nesse caso por causa da má utilização do recurso.

Qualquer coisa que atrapalhe de alguma forma o entendimento da mensagem é considerado um ruído e precisam ser eliminados, inclusive aqueles momentos em que você não está prestando atenção na mensagem, seja porque não julga interessante naquele momento ou não julga que seja importante.

3.2.5 Impacto da mensagem

Nesse último ponto espero que fique claro o porquê da importância dos pontos abordados do modelo de Laswell no processo de comunicação, pois o impacto da mensagem pode ser mal interpretado.

Lembro-me da primeira vez que fui a Buenos Aires e decidi recorrer à utilização de gestos para completar o entendimento em momentos em que a comunicação parecia não ser totalmente eficiente.

Em um determinado estabelecimento utilizei as duas mãos viradas para cima e com movimentos ritmados juntei os cinco dedos como que deixando claro que o lugar estava lotado, mas o que pude perceber a seguir foi que o impacto não correspondeu as minhas expectativas de comunicação.

Passado o episódio descobri, algum tempo depois, que aquele mesmo movimento para os argentinos tem um significado completamente diferente, para eles o mesmo movimento com as mãos é bastante utilizado por torcidas de futebol para dizer ao torcedor adversário que ele está com medo, na verdade, "se borrando" de medo para ser mais exato e tentar assim explicar sem ser explícito na tradução literal do gesto para os *Hermanos*.

Acho que consegui me fazer entender, então acredito ser possível avançar e pensar nesses conceitos, mas no que se refere ao processo de negociação, será que você já consegue enxergar a importância de conseguir se comunicar bem, para que seja possível alcançar bons resultados quando é preciso negociar? É sobre isso que falaremos a partir de agora.

3.3 A IMPORTÂNCIA DA COMUNICAÇÃO NO PROCESSO DE NEGOCIAÇÃO

A partir desse ponto o tema negociação assume de vez o protagonismo do livro, pois os conceitos básicos iniciais para um bom entendimento do que vem a seguir, de alguma forma foram abordados.

Depois de tudo que foi dito até aqui pense e responda: será que uma boa comunicação é importante em um processo de negociação?

Claro que sim, se você não conseguir se comunicar bem, ou melhor, de maneira minimamente eficiente, dificilmente você conseguirá bons resultados quando estiver negociando com alguém.

Lembre-se sempre dos conceitos básicos, pois o não entendimento deles pode fazer com que você não alcance o objetivo planejado no momento da negociação.

Tenho certeza de que você espera conseguir ser claro quando está colocando seus pontos de vista na tentativa de conseguir um bom resultado frente a um processo de negociação e quanto mais claro você conseguir ser com a outra parte envolvida, maior será a chance de conseguir atingir seu objetivo.

Se, por outro lado, você pecar no momento de expor suas ideias, com certeza suas chances diminuirão, pois é muito pouco provável que alguém esteja disposto a buscar um equilíbrio na relação "ganha-ganha" se não houver por parte dele um entendimento mínimo a respeito de como você pensa ou o que você almeja.

Saber se comunicar, no entanto, exige treino e investimento em coisas que infelizmente nem sempre somos preparados, por exemplo, me lembro do meu pai, homem de pouco estudo, mas de uma inteligência acima da média nos falando: "leia, porque quem lê escreve melhor".

O que ele estava tentando nos dizer é que pessoas que cultivam o hábito da leitura aumentam significativamente seu vocabulário e isso me faz ter plena certeza de que a maneira de se comunicar também melhora.

Acreditem, pessoas que desenvolvem a capacidade de se comunicar de maneira eficiente aumentam bastante as possibilidades de conseguir o que desejam, mas não estou me embasando em nenhum dado estatístico ou acadêmico nessa afirmação estou apenas utilizando novamente toda experiência desenvolvida ao longo de mais de trinta anos de vivência profissional.

Agora que ficou claro o quanto a comunicação é importante no processo de negociação e o quanto é preciso dar atenção a ela no sentido de tornar o processo mais eficiente, então vamos para o próximo assunto, conflitos, que muitas vezes pode surgir justamente por causa de uma comunicação falha ou incompleta.

4 CONFLITOS

Outra palavra bastante conhecida e utilizada pelo senso comum e que com certeza não é totalmente desconhecida da grande maioria das pessoas é "conflito", mas se procurarmos na literatura disponível sobre o tema, certamente será possível encontrar não só definições diferentes como também enfoques diferentes.

Tenho certeza de que a palavra não é desconhecida ou nova para você, possivelmente você já deve ter escutado ou até mesmo a utilizado em algum momento de sua vida, mas pense um pouquinho e responda: "quando será que aconteceu o primeiro conflito na história?"

Essa pergunta é muito difícil de ser respondida, mas para seguirmos se faz necessário, primeiramente, entender o significa o termo em questão, mas uma coisa é fato, os conflitos podem ser encontrados na humanidade desde o surgimento do homem e ele está diretamente ligado às relações entre eles.

Para Figueiredo (2012, p. 25) "o conflito é um fenômeno social multidimensional, que é parte integrante da existência humana, essencial para o processo evolutivo da humanidade e para a transformação social", ou seja, onde houver pessoas interagindo sempre haverá a possibilidade de que haja um conflito.

Nascimento (2008) apresenta algumas situações corriqueiras observadas no dia a dia de qualquer pessoa e que podem desencadear algum tipo de conflito, observe:

- **Experiência de frustração:** Quem nunca passou pela experiência de não alcançar um objetivo ou de não conseguir realizar um desejo que atire a primeira pedra.

Talvez o mais importante nesses casos é tentar fazer uma análise do porquê desse resultado negativo que leva muitas vezes a esse sentimento de frustração, em outras palavras o problema passa por limitações técnicas, comportamentais ou trata-se apenas de uma condição pessoal?

Essas limitações ou interferências precisam ser analisadas com calma para que caso um conflito se inicie ele seja resolvido o mais rápido possível.

- **Diferenças de personalidade:** Esse tipo de conflito pode aparecer na empresa, por exemplo, em uma relação hierárquica entre chefe e subordinado, entre colegas ou mesmo no ambiente familiar entre marido e mulher, entre irmãos etc.

  Normalmente essas diferenças aparecem a partir de características que a outra parte considera indesejável, mas lembre-se que estamos falando de pessoas e me parece bastante óbvio que todos, sem exceção, temos alguma característica que pode parecer indesejável aos olhos dos outros.

- **Metas diferentes:** Outro exemplo que se aplica tanto ao ambiente familiar quanto profissional.

  Quando as pessoas não têm os mesmos objetivos ou o mesmo envolvimento em relação ao alcance desses objetivos a possibilidade de que em algum momento surja algum tipo de conflito que precise ser gerenciado é grande, mais uma vez é importante frisar que gerenciar as tensões que surgirem é mais do que necessário, é fundamental para a sequência do projeto.

- **Diferenças em informações e percepções:** O primeiro ponto a ser considerado aqui tem a ver com o que abordamos no capítulo sobre comunicação, que é o fato de que o entendimento a respeito do que foi dito é fundamental para que não restem dúvidas sobre o que se está tratando naquele momento.

Quanto mais claro você for durante a emissão da mensagem, e sempre lembrando que as pessoas buscam o entendimento com base em seu conhecimento e nas referências que possui, maior a chance de minimizar as diferenças de informações e percepções o que por si só tende a diminuir a possibilidade de conflito.

Lembre-se sempre que existe outro lado envolvido e que esse outro lado pode ter percepções diferentes da sua.

4.1 DIFERENTES ENFOQUES PARA DEFINIR CONFLITO

Se você convive com outras pessoas, das duas uma, ou você já presenciou algum tipo de conflito ou já esteve envolvido em um, é muito pouco provável que exista alguma pessoa na face do Planeta Terra que não tenha experimentado ainda uma das duas situações... Ou as duas.

O conflito faz parte do mundo em que vivemos e não há como imaginar algo diferente disso, mas quando ele é estudado a partir de diferentes enfoques é possível ter um olhar um pouco mais aprofundado a seu respeito, vejamos dois exemplos:

4.1.1 O olhar da Psicologia

Chiavenato (2014) lembra que para o psicólogo alemão Kurt Lewin (1890-1947), o criador da Teoria de Campo, "conflito é visto como a convergência de forças de sentidos opostos e igual intensidade".

O autor segue lembrando também que "essa convergência surge quando existe atração por duas valências positivas, mas opostas."

Para entender essa definição imagine que você está com muita vontade de assistir a uma peça de teatro e a um filme, mas eles estão sendo exibidos no mesmo horário, porém em locais diferentes.

Existe ainda o entendimento de que o conflito está associado a duas valências negativas, por exemplo, superar o medo de passar por um processo operatório complicado ou ver sua situação se agravar, nesse caso se trata de duas situações negativas, ou ainda uma positiva e outra negativa como, por exemplo, uma vontade de solicitar um aumento salarial e o medo de perder o emprego.

4.1.2 O olhar da Administração

A administração como não poderia deixar de ser, diferente da psicologia que tem seu olhar voltado para o olhar da pessoa, tem seu foco nos impactos que o conflito pode trazer dentro do ambiente organizacional.

É importante lembrar que o surgimento do conflito de acordo com a visão da administração independe da área ou do ramo de atuação e que o mais importante, no entanto, é não só compreendê-lo como também saber lidar com ele (Berg, 2012).

Vejamos duas definições para conflito sob o olhar da administração:

Para Chiavenato (2005) o conflito nada mais é do que um processo de oposição e confronto que surgem quando uma ou mais partes agem com o intuito de atrapalhar o alcance dos objetivos da outra parte.

Nas organizações essa atitude pode aparecer tanto entre indivíduos quando a intenção é atacar algo importante ou valorizado pelo outro como também em grupos.

Já para Robbins (2010) conflito surge quando uma das partes percebe que pode ser afetado de alguma maneira pela outra parte envolvida, é assim que se desencadeia o processo, mas vale lembrar que esse incômodo geralmente acontece quando se trata de assuntos ou situações que são importantes ou do interesse da pessoa que se sentiu incomodada.

Independente do olhar ou do ponto de vista o fato é que em algum momento um conflito pode aparecer e a maturidade organizacional pode ser a diferença entre uma boa ou uma má gestão do conflito, mas a pergunta que fica é: "como os conflitos surgem?"

Essa é uma pergunta pertinente e que merece ser, ou pelo menos tentar ser, respondida.

4.2 CONFLITOS: COMO ELES SURGEM?

Particularmente não vejo como resolver os conflitos se o entendimento de como e porque eles surgiram não vierem à tona.

Nascimento e Sayed (2002) lembram que em sua maioria, os conflitos surgem por diferenças individuais ou as diferentes visões do mundo, só para citar dois exemplos.

Silva (2019) lembra que os conflitos podem surgir de diferentes maneiras e em diferentes situações, por exemplo, é possível que um conflito se desencadeie entre pessoas pertencentes a um mesmo grupo, seja ele profissional ou pessoal, podem também acontecer entre grupos, independente do nível organizacional a que estiverem submetidos, ou ainda entre organizações.

A autora lembra ainda que, em todos os casos acima citados, os seguintes elementos sempre estarão envolvidos:

- **Pessoas:** falamos bastante sobre pessoas, suas crenças, seus objetivos, comportamentos e características no capítulo 2;
- **Situações:** sempre vai envolver pessoas, mas nesse caso é possível citar conflitos acerca de processos ou projetos só para exemplificar;
- **Atitudes:** mais uma vez é possível enxergar as pessoas como agentes principais do desencadeamento de conflitos, seja por seus comportamentos ou crenças, mas principalmente pela maneira como agem frente a uma situação específica, e por fim;
- **Resultados:** somos competitivos por natureza e isso é possível de ser verificado desde que somos crianças, se lembra da época do Jardim da Infância quando alguma criança ganhava uma estrelinha no caderno e ficava mostrando com se fosse um troféu para as outras crianças?

É por esse motivo que me parece bastante possível que conflitos possam surgir por conta de diferenças no que se refere a objetivos e resultados também.

Se levarmos em conta que grande parcela dos gestores não possui competências necessárias para administrar conflitos uma pergunta sempre me vem a cabeça: "Quanto tempo um gestor gasta de seu tempo administrando situações que envolvem algum tipo de conflito?"

Existem estudos que apontam que esse número pode chegar a 20% do tempo de um gestor, tempo esse que poderia ser utilizado, por exemplo, desenvolvendo habilidades da equipe só administrando (ou tentando) problemas que apresentam algum tipo de conflito (Cunha *et al.*, 2007).

Mas será que é possível identificar fatores que antecedam o surgimento de conflitos?

Para Chiavenato (2005) não só é possível como ele aponta três deles, observe:

- **Diferenciação:** falamos sobre grupos e equipes no capítulo 2 e uma coisa que acredito ter deixado claro é o fato de haver diferenças, não só nos grupos propriamente dito, como também entre seus membros.

  Se os objetivos ou interesses não caminharem na mesma direção em busca do alcance do objetivo comum, o que se vê a seguir é o que o autor chamou de diferenciação no sentido de diferenciar os grupos dentro do contexto em que estiver inserido;

- **Recursos compartilhados e limitados:** recursos não são infindáveis, para falar a verdade eles são muitas vezes escassos ou bastante limitados, por isso sua distribuição precisa ser planejada e compartilhada de maneira justa entre todos.

  Quando há a percepção de que isso não está sendo feito a chance de iniciar um conflito é bastante grande e real;

- **Interdependência de atividades:** prioridades também são relativas, o que estou querendo dizer é que minha prioridade ou a do meu grupo não necessariamente são igualmente prioritárias quando olhamos para outras pessoas ou outros grupos.

Nesse exemplo o conflito pode surgir justamente por esse motivo, o fato de um grupo ou uma pessoa não poder realizar sua tarefa porque depende de outros que não entregam sua parte para prosseguir, seja por não achar que realmente seja uma prioridade ou simplesmente pela falta de ação ou ainda omissão na realização da tarefa.

Mas existem outros fatores que contribuem para o surgimento de conflitos, fatores esses que são muito mais presentes em nossas vidas do que possamos imaginar a priori, observe alguns deles:

- Direitos não atendidos ou não conquistados;
- Mudanças externas acompanhadas por tensões, ansiedade e medo;
- Luta pelo poder;
- Necessidade de status;
- Desejo de êxito econômico;
- Exploração de terceiros (manipulação);
- Necessidades individuais não atendidas;
- Expectativas não atendidas;
- Carência de informação, tempo e tecnologia;
- Escassez de recursos;
- Diferenças culturais e individuais;
- Divergência de metas;
- Tentativa de autonomia;
- Emoções não expressas ou inadequadas;
- Obrigatoriedade de consenso;

- Meio ambiente adverso;
- Preconceitos (Nascimento; Sayed, 2002).

Poderíamos abordar cada um desses itens separadamente e com bastante embasamento, mas será que os efeitos gerados pelos conflitos são apenas negativos como parece se apresentar, pelo menos até o presente momento?

É sobre isso que falaremos a seguir.

4.3 EFEITOS POSITIVOS DOS CONFLITOS

Num primeiro momento pode parecer que quando falamos de conflitos estamos abordando apenas situações ruins ou desagradáveis, mas se pararmos para pensar um pouco melhor sobre o assunto talvez seja possível enxergar os benefícios que ele pode trazer, principalmente quando acontece em torno de ideias.

Quando o conflito acontece em torno de questões que busquem melhorar algo, facilitar o caminho, a distribuição de recursos, enfim, quando seu objetivo não é pessoal é bem provável que no final você consiga enxergar aquele momento como algo positivo.

Se você não estiver convencido que conflitos podem gerar efeitos benéficos vou usar o argumento de Nascimento (2008) para demonstrar meu ponto de vista, observe alguns exemplos:

- **Mudança:** se tem uma coisa que é inerente a nossa vontade essa coisa é a mudança, ela vai acontecer e a pergunta que fica é apenas uma: "quando?".

  Se as pessoas passarem a pensar no conflito não como algo pessoal e nocivo, mas como uma oportunidade de mostrar que existem coisas erradas que precisam ser corrigidas talvez a mudança nesse contexto deixe de assustar tanto, ou pelo menos ela diminua de intensidade, fazendo isso é possível até hierarquizar os problemas para que seja possível focar os esforços naqueles mais urgentes ou importantes;

- **Mudança nas relações entre grupos conflitantes:** se o que sugeri no tópico anterior for entendido e aplicado o conflito pode ser benéfico até para divergências entre grupos, há casos em que a cooperação e a colaboração acaba sendo o resultado ante a um momento inicial tenso e conflitante;

- **Aumento da coesão grupal:** a coesão entre os membros do grupo tende a se fortalecer na medida em que os sentimentos de pertencimento e de identidade são estimulados, muitas vezes isso acontece em momentos de conflitos onde as pessoas são estimuladas a contribuir de maneira positiva. Todas as ideias serão amplamente aceitas? Claro que não, mas as pessoas passam a sentir mais a vontade e com isso tendem a contribuir mais;

- **Inovação:** uma das competências mais buscadas nos dias de hoje, mas não basta falar em inovação, é preciso agir com inovação.

Em momentos de conflitos se espera que o melhor seja conseguido e apresentar novas ideias ou buscar maneiras diferentes de se conseguir um bom resultado ao invés do famoso "aqui sempre foi assim" é outro bom exemplo de como o conflito pode estimular as pessoas a darem o seu melhor e até algo a mais continuamente.

Apesar de preferir focar nos aspectos positivos do conflito existem dois aspectos negativos que julgo necessário trazer para reflexão, pois estão diretamente ligados a processos de gestão e precisam ser observados.

O primeiro aspecto que quero destacar é a frustração, que normalmente acontece após um conflito mal resolvido ou inacabado, e o segundo é a perda de energia ocasionada pelo trabalho improdutivo decorrente de aspectos negativos de conflitos (Fiorelli; Fiorelli; Olivé, 2008).

Ambos, além de prejudicarem o desempenho, podem levar à desmotivação, sem falar no impacto que causa em médio prazo nos resultados individuais e coletivos e é um erro achar que ignorar o que está acontecendo pode fazer com que tudo se resolva naturalmente. Minha experiência como gestor de pessoas me mostrou que é justamente o contrário, conflitos não administrados corretamente tendem a se expandir muito rapidamente.

4.4 NÍVEIS DE CONFLITOS

Os conflitos são bastante diferentes em sua essência além de apresentar diferentes níveis de intensidade, quanto menor a intensidade, ou seja, quanto mais rápido for entendido e resolvido menores serão os danos que ele pode ocasionar.

Nascimento e Sayed (2002, p. 49) propõem nove estágios possíveis quando um conflito se inicia e como afirmei anteriormente quanto menor a nível mais fácil de chegar à solução, mas ele não acontece sozinho é preciso que ações eficientes de gestão sejam aplicadas para se chegar a uma solução, ou pelo menos o mais próximo possível do ideal, os nove estágios são os seguintes:

4.4.1 Nível 1 – Discussão

É o estágio inicial do conflito é o mais fácil, caso identificado, de ser resolvido. Nesse estágio os ânimos ainda estão dentro de um padrão aceitável de controle o que tende a apresentar certa racionalidade por parte das pessoas envolvidas.

É possível ainda que os diálogos nessa etapa sejam abertos e francos, pois o lado emocional ainda não aparece e fica mais fácil observar possibilidades de encerramento ou controle do que pode vir a ser um conflito em estágios mais avançados.

Outra característica desse primeiro estágio é a objetividade na exposição das ideias, situação essa que tende a diminuir à medida que os ânimos se exaltam e não há uma ação efetiva no sentido de encerrar o assunto.

Buscar alternativas nessa fase exige por parte dos envolvidos o entendimento de que é preciso fazer algo que busque amenizar os ânimos rapidamente, e isso passa necessariamente por algumas competências que já falamos aqui e que precisam ser desenvolvidas como, por exemplo, a comunicação, saber escutar pode dar uma percepção correta do que está acontecendo ou o que pode vir a ser essa discussão inicial.

4.4.2 Nível 2 – Debate

A primeira coisa que se percebe e que serve como um indicador de que a amenidade inicial pode estar indo por água abaixo é a diminuição da objetividade que havia até então.

Padrões de comportamento começam a aparecer com maior clareza além de ser comum também o surgimento de generalizações, ciosas que até então não eram percebidas.

Perceba que a partir desse momento a tendência é que soluções sejam mais difíceis de ser encontradas, mas ainda é possível buscar alternativas de solução.

O não entendimento do que está acontecendo, a omissão ou a percepção de como a situação está evoluindo certamente levará a um avanço perigoso e difícil de contornar.

4.4.3 Nível 3 – Façanhas

Esse estágio se caracteriza principalmente pela perda da confiança e as decisões previamente tomadas passam a perder a credibilidade.

Chegar a um consenso e aceitar opiniões da outra parte torna-se cada vez mais difícil e as divergências passam a se mostrar cada vez maiores e frequentes.

O problema da perda da confiança por falta de uma ação efetiva de correção nesse estágio são as sequelas que ficam e que tendem a permanecer, pois recuperar a confiança perdida é muito difícil, exige um trabalho intenso de gestão por da parte de pessoas que infelizmente nem sempre estão preparadas ou se sentem na obrigação ou dispostas a tentar reverter esse quadro.

O saldo dessa omissão ou falta de percepção de que o conflito está aumentando e ganhando força é um avanço cada vez mais para o próximo estágio e a chance de encontrar uma solução minimamente eficaz para o conflito parece estar cada vez mais distante.

4.4.4 Nível 4 – Imagens

Nesse estágio o que se percebe como uma das características principais é a busca de experiências anteriores e que na maioria das vezes julgamos superadas. Em brigas de casais é muito comum esse resgate do passado em um momento de discussão.

Outro ponto bastante presente nesse estágio é a utilização dos preconceitos que temos enrustidos em nós e que não costumamos observar ou assumir, é exatamente a partir desses dois exemplos que se inicia o processo de construção de imagens que já temos talvez até inconscientemente a respeito da outra pessoa ou do outro lado.

Nessa fase do conflito é muito difícil o processo de desconstrução dessas imagens preconcebidas e que passam a ser enxergadas como verdades absolutas quando o que se observa é um crescimento cada vez mais rápido da situação conflituosa.

4.4.5 Nível 5 – *Loss of face* (ficar com a cara no chão)

Aqui podemos dizer que o processo se encontra na metade do caminho e nesse ponto geralmente as pessoas não pretendem deixar a "briga", principalmente por causa de uma postura que é bastante característica a essa altura, a dificuldade de enxergar que deixar o conflito de lado pode ser benéfico para todos os envolvidos.

Mas a sensação de que essa atitude pode levar a um entendimento de derrota, consecutivamente de vitória do outro lado torna essa decisão algo muitas vezes impensável e fora de cogitação.

Ditos populares como: "pago para não entrar numa briga, mas pago o dobro para não sair" são bastante utilizados para justificar essa postura, além de confirmar o que foi dito no parágrafo anterior.

4.4.6 Nível 6 – Estratégias

A primeira coisa que se observa nesse estágio é a comunicação, que já não é lá grandes coisas como falamos no capítulo 3, sendo profundamente impactada, nesse caso de maneira negativa.

O que até então era, na maioria das vezes, apenas ameaças ou punições veladas passam a ser mostradas de uma forma mais clara e evidente deixando, sem restarem dúvidas, que a essa altura o que até então poderia se caracterizar apenas como coisas ditas da boca para fora por causa do calor do momento talvez já não sejam mais apenas falácias.

4.4.7 Nível 7 – Falta de humanidade

A essa altura do conflito sentimentos parecem não mais existir e o que eram apenas ameaças agora se evidenciam, principalmente a partir da mudança de comportamento das pessoas, fato esse altamente negativo.

Aquele momento que, com certeza, você dirá coisas que te farão se arrepender no futuro, mas no calor do conflito é muito pouco provável que se pense nisso, e as coisas mais absurdas ou improváveis podem ser ditas.

4.4.8 Nível 8 – Ataque de nervos

Proteção e autopreservação são as palavras principais nesse estágio, e esses dois motivos parecem ser a única preocupação, afinal o último nível se aproxima e a necessidade de se sentir protegido de tudo que aconteceu até aqui parece ser extremamente necessário.

A motivação então é utilizada em duas frentes bastante específicas que passa necessariamente pela preparação, no caso a preparação para atacar independente da forma que isso será feito e na preparação para se proteger dos ataques que fatalmente virão do outro lado.

4.4.9 Nível 9 – Ataques generalizados

Por fim, o último estágio, aquele que todos entendem a necessidade de tentar evitar, mas que muitas vezes não percebem que ignorar os sinais dos estágios anteriores desencadeará o que no senso comum costumamos chamar de "chegar às vias de fato".

Para falar a verdade chegar a esse ponto pode acarretar inúmeras consequências negativas e não importa se estamos falando de conflitos familiares ou profissionais, mas uma coisa é certa, estar atento e lembrar alguns pontos que já foram abordados aqui como, por exemplo, a importância de aprender a ouvir pode até não resolver o conflito, mas com certeza vai ajudar e muito no processo de administração dele.

É importante deixar claro, no entanto, que os nove níveis sugeridos pelos autores podem se apresentar de maneira diferente dependendo de circunstâncias específicas, mas observar os nove estágios é importante para traçar planos no momento de decidir qual a melhor maneira de gerenciar o conflito, mas como encontrar maneiras eficientes de fazer isso na prática?

Esse é nosso próximo tópico.

4.5 GERENCIANDO OS CONFLITOS

A essa altura acredito ser possível afirmar que está claro que conflitos não são necessariamente ruins, mas que quando acontecem não em torno de ideias e sim por motivos pessoais eles precisam ser identificados e gerenciados.

Negligenciar a existência do conflito ou ainda deixar de enfrentá-lo mesmo sabendo que suas consequências podem ser bastante negativas para o que se espera como resultado é muito ruim, por esse motivo vamos ver alguns exemplos de como adotar medidas altamente eficientes na gestão de conflitos.

Para esse exercício vou utilizar como referência Chiavenato (2014) onde o autor apresenta três abordagens que podem ser utilizadas na solução de conflitos, são elas:

4.5.1 Abordagem estrutural

Como abordei anteriormente algumas razões que podem desencadear um conflito é a escassez de recursos, ou ainda sua limitação e interdependência (Chiavenato, 2014). Geralmente em ocasiões como essas as pessoas tendem a perceber ou acreditar que algum tipo de condição de diferenciação está sendo adotada.

Para o autor identificar essas situações e atuar frente a esses agentes desencadeadores de conflitos pode ser uma excelente maneira de controlar a situação de conflito, em outras palavras o ideal é buscar maneiras de se modificar essas situações, dessa forma fica mais fácil não só reduzir como também controlar o conflito.

Por exemplo, diminuir as diferenças existentes entre os grupos buscando encontrar objetivos comuns e que possam ser compartilhados, a essa estratégia o autor chamou de "reduzir a diferenciação dos grupos".

Caso seja necessário é importante encontrar formas adequadas de interferir nos recursos compartilhados, por exemplo, adotando um sistema de recompensas de modo que a cada alcance de objetivos um grupo ganhe sem necessariamente fazer com que o outro perca. Uma maneira de fazer isso é não definir uma recompensa fixa a ser distribuída.

No caso da interdependência, uma forma bastante eficiente de diminuí-la, é separar os grupos fisicamente, pois dessa forma é possível também acabar com possíveis interferências reduzindo, assim, conflitos que possam aparecer durante o processo.

4.5.2 Abordagem de processo

Nesse tipo de abordagem o autor lembra que o que se almeja é a redução dos conflitos a partir de ações que busquem modificar os processos, em outras palavras é a busca de uma intervenção pontual quando o episódio estiver acontecendo. Esse tipo de ação geralmente acontece de três formas distintas.

A primeira é chamada de "desativação do conflito". É quando um dos lados cede e reage de maneira colaborativa e não agressiva em relação ao comportamento da outra. Geralmente o que se vê nesses casos é a busca por um comportamento sem conflitos dos dois lados ou ainda o encerramento do conflito.

A segunda maneira é a "realização de confrontação entre as partes", indicada quando as partes já avançaram vários degraus do nível de conflito que abordamos aqui e se mostram cada vez mais próximos do último estágio.

É uma excelente maneira de ouvir o que cada um tem a falar a respeito da situação haja vista que não há interferências ou mal-entendidos pelo simples fato de as pessoas envolvidas estarem juntas, cara a cara, em um mesmo ambiente.

É importante que haja um mediador e que ele tenha o discernimento de dar oportunidades iguais para que todos possam expressar seus sentimentos de maneira sincera antes da busca por uma solução que seja boa para todos.

Por fim, o autor apresenta como alternativa a que ele chamou de "colaboração" que deve ser utilizada quando as duas alternativas citadas são ultrapassadas.

O que se espera com essa ação é que as partes envolvidas sejam capazes não só de trabalhar juntas, mas de solucionar problemas comuns a partir da identificação de soluções que possam ser compartilhadas mutuamente.

É importante lembrar também que a utilização desse tipo de abordagem geralmente é feita a partir de uma das partes envolvidas no conflito, por pessoas que não fazem parte do problema, ou seja, pessoas que estejam fora do conflito ou ainda por uma terceira parte que pode ser, por exemplo, um consultor.

4.5.3 Abordagem mista

A abordagem mista é uma síntese das duas abordagens anteriores, pois permite administrar tanto os aspectos estruturais quanto os aspectos de processo oriundos do conflito.

Para o autor a abordagem mista permite dois tipos distintos de ação: "adoção de regras para a resolução de conflitos" e a "criação de papéis integradores".

A primeira ação sugerida por Chiavenato (2014) trás como alternativa a criação de regras claras e procedimentos amplamente divulgados para facilitar a resolução de conflitos que eventualmente apareçam, pois nesse caso todos sabem com antecedência quais são os limites aceitos antes que ações de contenção e controle sejam adotadas.

A segunda abordagem propõe a criação de grupos de papéis integradores, em outras palavras pessoas que estejam prontas para atuar no sentido de ajudar na solução dos conflitos sempre que eles acontecerem, por exemplo, fazendo o papel de interlocutores entre as partes envolvidas.

Vale lembrar que estamos falando de pessoas e elas reagem de maneira positiva ou negativa de acordo com suas percepções, por isso buscar soluções para problemas que possam desencadear conflitos acaba por ser uma maneira bastante eficiente em sua gestão.

4.6 CINCO ESTILOS DE ADMINISTRAÇÃO DE CONFLITOS, SEGUNDO THOMAS

Obviamente é possível encontrar diferentes estilos e propostas para a administração de conflitos na literatura disponível, mas para embasar minhas ideias a respeito do tema optei por utilizar o modelo proposto por Thomas (1976) que apresenta cinco estilos para administrar conflitos a partir de duas vertentes, a tentativa de satisfazer seus próprios interesses e objetivos e a tentativa de satisfazer os interesses de outras pessoas, vejamos cada um deles.

- **Evitação:** atitude pouco eficiente na solução de conflitos, pois se espera que o tempo seja capaz de fazer com que o conflito se torne menos intenso. Em outras palavras trata-se de uma postura neutra que o autor sugere ser quase que uma fuga.

  Por outro lado, quando se pensa em um problema trivial, ou que apresente uma chance de ganhar muito pequena ou ainda quando a falta de possibilidade de um acordo possa acarretar custos esse estilo deve ser utilizado;

- **Acomodação:** estilo que tem como característica focar nos problemas de menor importância e deixar os problemas maiores para se resolver no futuro, no entanto, funciona quando se trata de um assunto de muita importância ou quando o objetivo principal ou mais importante é, por exemplo, manter a harmonia entre os envolvidos;

- **Competitivo:** estilo adotado principalmente quando uma solução definitiva deve ser conferida com brevidade, principalmente em situações em que urgência e emergência se fazem presentes ou são indispensáveis.

  Como nesse estilo de administrar é possível observar atitudes de confronto em busca de uma competição que apresente como resultado o "ganha-perde", é possível que a utilização da autoridade seja colocada em prática;

- **Compromisso:** estilo utilizado, principalmente, quando um dos lados está disposto a aceitar soluções minimamente razoáveis, além de entender a importância de ceder, ou seja, rever seus pontos de vista em determinados momentos.

  Funciona muito bem, principalmente se os dois lados estiverem dispostos a reduzir as diferenças ou quando o fator tempo não é tão importante a ponto de se poder buscar, com calma, soluções que busquem duas características importantíssimas na administração de conflitos, assertividade e cooperação, por fim;

- **Colaboração:** podemos chamar esse estilo de "solução de problemas" devido o elevado grau de assertividade e cooperação.

Utiliza principalmente a negociação na busca da redução e solução de problemas, além de habilitar todos os lados a resultados considerados positivos.

Funciona muito bem quando há o entendimento de que os interesses de todos são importantes ou ainda quando a negociação gira em torno da busca por um consenso.

4.7 EFEITOS POSITIVOS DO CONFLITO

Acredito que não seja necessário me aprofundar em teorias que demonstrem a importância de uma boa gestão dos conflitos a fim de se evitar problemas maiores ou fora de qualquer planejamento pessoal ou profissional, creio que o mais importante seja enumerar alguns resultados positivos que a boa gestão pode trazer e para isso utilizarei, novamente, Chiavenato (2014).

O primeiro ponto que julgo merecer destaque diz respeito a como o conflito pode despertar diferentes sentimentos e energias nas pessoas, o que pode fazer com que essas pessoas desejem descobrir modos diferentes ou mais eficientes no momento que estiverem a frente da realização de alguma tarefa. É possível ainda que soluções diferentes, criativas e inovadoras surjam em decorrência do conflito em torno de ideias.

Pode também apresentar um aumento na harmonia do grupo devido a sentimentos de identidade que tendem a aparecer e crescer com o passar do tempo e o amadurecimento do grupo.

Por fim, o conflito pode agir como indicador no sentido de trazer a tona problemas que muitas vezes não aparecem até que haja a necessidade de se falar sobe o assunto e o mais importante, pode se apresentar como um instrumento de acompanhamento e correção antes que algo mais sério aconteça.

5 GLOBALIZAÇÃO

Certamente você já ouviu falar em globalização, e talvez tenha a ideia de que se trata apenas da possibilidade de estar conectado com qualquer pessoa em qualquer lugar do mundo por causa da internet, mas acredite, globalização é muito mais do que isso.

A década de 1990 do século passado talvez possa ser vista como o momento em que o processo mais se intensificou, passando a apresentar cada vez com maior rapidez o aumento significativo de fluxos entre as fronteiras, o que convenhamos, impactou diretamente não só o comércio internacional como também todos os processos que o envolvem, falaremos mais sobre isso no capítulo 9.

Talvez os mais jovens acreditem que o termo é oriundo do século XXI, afinal aparenta, pelo menos a priori, tratar-se de um fenômeno oriundo do tempo presente, mas a verdade é que mesmo apresentando essa percepção muitas vezes equivocada, a globalização não é algo tão novo assim.

Mas afinal de contas qual a origem e como surgiu o conceito em questão?

De acordo com Sousa (2006, p. 9) o conceito foi formado nas escolas de gestão americanas, mas foi na França que o conceito passou a ser entendido como sinônimo de "mundialização".

É importante lembrar também que sua origem é anglo-saxônica e que num primeiro momento apresenta a ideia do desenvolvimento em nível mundial das relações econômicas.

Uma definição mais atual, no entanto, foi apresentada por Santos (2014, p. 85) onde o autor sugere que globalização pode ser mais facilmente entendida como sendo os "conjuntos de relações sociais que se traduzem na intensificação das interações transnacionais, sejam elas práticas interestatais, práticas capitalistas globais ou práticas sociais e culturais transnacionais".

Mas foi a partir da segunda metade da década de 1980 do século passado que a globalização passa a ter um significado que vai além do que se imaginava até então, ou seja, uma compreensão meramente econômica, e um olhar mais abrangente passa a ser observado, incluindo-se então ciência e tecnologia, as relações jurídicas, sociais, políticas e culturais, tornando assim a visão mais ampla e abrangente (Espírito Santo Mardegan et al., 2020, p. 67).

Sua expansão, porém, não acontece aleatoriamente ou sem propósitos visíveis e possíveis de serem estudados e observados, como aponta Staffen (2018, p. 34-35) ao lembrar que nos períodos pós-guerra, as crises econômicas e principalmente as novas tecnologias podem ser vistas como as principais responsáveis por seu avanço.

O autor lembra ainda a crise econômica de 2008, outro fato que segundo ele pode ser considerado como marcante no que se refere ao processo de expansão da globalização.

Resumindo, é praticamente impossível determinar ao certo, citando, por exemplo, um ano exato para se determinar o surgimento da globalização, mas autores como Marangoni e Olsson (2015) defendem um ponto de vista bastante interessante ao sugerir que um ponto de partida bastante possível seja o início da produção capitalista, fato esse que aliado aos avanços tecnológicos fizeram com que a globalização fosse impulsionada.

Para falar a verdade, se pensarmos bem a respeito, é praticamente impossível pensar na globalização sem trazer à tona os conceitos da expansão capitalista.

Mas não vamos imaginar que o grande processo de integração mundial chamado globalização aconteceu assim, da noite para o dia, foram necessárias quatro fases distintas ao longo do tempo, fases essas que falaremos melhor a seguir.

5.1 AS FASES DA GLOBALIZAÇÃO

A primeira coisa que precisa ser respondida antes de prosseguirmos é o que são essas fases da globalização, e isso não é difícil de entender.

As fases da globalização são, na verdade, "quatro grandes marcos" no processo de integração mundial pelo qual foi preciso percorrer até chegarmos ao momento atual em que vivemos, vamos falar de cada uma das quatro fases separadamente.

A **primeira fase da globalização** tem seu início com o período conhecido como das grandes Navegações, período em que aconteceram as expedições de exploração do oceano no século XV, e foi até a Primeira Revolução Industrial que marcou o início do processo de industrialização mundial, primeiramente na Inglaterra.

Agora pare um momento e pense comigo, o que esse fato trouxe de relevante para o processo de globalização?

Isso é fácil de responder.

Houve um aumento significativo do comércio em nível mundial proporcionado principalmente pelas grandes potências da época, pois foi um momento da história onde era preciso transportar seus produtos industrializados além de matéria-prima para outros países, principalmente suas colônias.

Foram os avanços tecnológicos e industriais dessa fase que proporcionaram uma integração mundial não vista até então, e entre esses avanços e inovações tecnológicas podemos citar o avanço nos transportes terrestres e marítimos e a modernização das linhas de produção industriais, entre outros, que certamente foram responsáveis pelo aumento das relações comerciais em nível internacional.

A **segunda fase da globalização** começa na Segunda Revolução Industrial que aconteceu entre o século XIX e XX expandindo-se para fora da Inglaterra e caracterizou-se pela utilização do petróleo e da eletricidade como fonte de energia até o início da Terceira Revolução Industrial, também conhecida como Revolução Técnico-científica, iniciada em meados do século XX no período Pós-Segunda Guerra Mundial.

Nessa época os meios de produção sofreram uma modernização bastante interessante para aquele momento, o que possibilitou um aumento significativo da produção, e ele acabou acontecendo com outras frentes como, por exemplo, o transporte e a comunicação.

Outra característica interessante que pode ser observada nessa época foi uma mudança histórica, social e econômica principalmente por causa de um fenômeno que proporcionou um crescimento acelerado nas cidades urbanas.

A **terceira fase da globalização** iniciou-se na Terceira Revolução Industrial e terminou com o período de capitalismo informacional[5] atual, caracterizado principalmente pela revolução tecnológica priorizando a importância do conhecimento além da facilidade de se deslocar por qualquer parte do mundo.

---

5   Termo criado pelo sociólogo espanhol Manuel Castells, em sua obra "A Sociedade em Rede", originalmente publicada no ano de 1996.

Essa fase também ficou marcada pelo surgimento das empresas transicionais, em outras palavras, aquelas conhecidas mundialmente como, por exemplo, o Mc Donald's, as montadoras de carro como General Motors, Toyota, Peugeot, entre outras.

Também foi nessa fase que aconteceu o que ficou conhecido como reorganização do espaço mundial, tema amplo, mas que basicamente mudou as dinâmicas do capitalismo reconfigurando a vida social, política e econômica.

Por fim, a **quarta fase da globalização** que nada mais é que o período em que vivemos, ou seja, o período atual da globalização, que para alguns especialistas podemos chamar de Quarta Revolução Industrial.

Dessa forma o que passamos a observar é uma mudança drástica nos processos de produção e consumo, afinal a tecnologia passa a fazer parte como protagonista e é só observar o que aconteceu com a chegada da internet e o que isso representou de mudança na vida das pessoas na hora de fazer compras e ir ao banco, só para citar dois exemplos.

Como consequência houve ainda um grande crescimento econômico ao redor do mundo o que fez com que países emergentes ou em desenvolvimento pudessem participar ativamente do processo de produção global.

Mas será que tudo isso que foi abordado até o momento trouxe apenas vantagens? Com certeza não.

Na verdade, toda e qualquer mudança ou inovação sempre vão trazer pontos positivos e negativos, vamos ver alguns a seguir.

5.2 VANTAGENS E DESVANTAGENS DA GLOBALIZAÇÃO

Antes de prosseguir me respondam uma questão: vocês acham que vivemos em um mundo onde todos têm oportunidades iguais?

Se a resposta for não, como imaginar que o processo de globalização ocorreu de maneira justa e igual ao redor do mundo?

Uma coisa é fato, a globalização é um fenômeno que continua apresentando diferentes tipos de impactos, muitos positivos e muitos negativos, afinal como já foi mencionado anteriormente, acontece de maneira desigual ao redor do mundo, vamos ver alguns desses impactos.

5.2.1 Impactos positivos da globalização

Um dos impactos positivos da globalização foi sem dúvida nenhuma a possibilidade de diferentes economias ao redor do mundo poderem fazer parte de um processo de integração que antes era mais difícil de acontecer.

Com isso o que também pode ser observado foi o aumento das transações comerciais internacionais, dessa forma as relações de troca entre países foram amplamente fortalecidas.

Isso fez com que alguns setores precisassem se modernizar para acompanhar as mudanças impostas pela globalização, assim o que pôde ser visto foram setores como o de transportes, energia e comunicação, só para citar alguns exemplos, saindo na frente para acompanhar as novas tendências que se apresentavam.

Os níveis de produção e riqueza também sofreram aumentos significativos com o advento da globalização, uma coisa fácil de ser entendida aja visto que o crescimento econômico foi diretamente proporcional ao crescimento trazido pela globalização.

Mas o maior impacto positivo que particularmente eu consigo enxergar com a chegada da globalização aos quatro cantos do mundo foi o crescimento na área tecnológica nas mais variadas áreas do conhecimento.

5.2.2 Impactos negativos da globalização

Infelizmente nem tudo são flores quando pensamos nos avanços e mudanças pelos quais o mundo passa quando inovações acontecem, e com a globalização não foi diferente.

Um dos problemas causados pela globalização foi sem dúvida nenhuma o aumento da desigualdade socioeconômica entre países, que fez com que a distância entre as rendas aumentasse muito entre as pessoas, regiões e até mesmo países, gerando assim grandes disparidades.

Com isso o desemprego também tende a aumentar levando a um aumento emigratório, pois as pessoas passam a precisar de recursos que não dispõe em suas cidades e com isso se veem obrigadas a buscar por esses recursos em outros lugares.

A globalização acelerou os meios de produção, e isso foi ótimo, por outro lado, aumentou na mesma proporção o consumo de recursos naturais responsáveis por compor algumas matérias-primas, e isso causou impactos negativos.

Talvez o maior impacto negativo, pelo menos por causa do momento ambiental pelo qual a humanidade passa, tenha sido o aumento dos registros desses impactos ambientais ao redor do planeta, o que é muito maluco se pensarmos que a geração atual, pelo menos na teoria, tem uma consciência ambiental muito mais desenvolvida do que as gerações passadas.

Mas não dá para desprezar os benefícios que a globalização trouxe, talvez seja necessário apenas um olhar um pouco mais aprofundado em questões que possam colocar sob suspeita as coisas boas que os avanços sempre trazem para a humanidade.

5.3 OBJETIVOS DA GLOBALIZAÇÃO

Podemos citar inúmeros objetivos associados à globalização, vamos falar de alguns para que fique claro para você, começando por aumentar as transações comerciais entre os países.

Não importa se você produz alguma coisa ou se você presta algum tipo de serviço, a globalização fez com que as fronteiras fossem literalmente superadas fazendo com que qualquer comerciante em qualquer parte do mundo possa ter acesso a mercados que eram impensáveis antes do mundo globalizado.

Aumentar a produtividade sempre foi um dos maiores objetivos da globalização, mas atrelado a isso vem um desafio enorme que é conseguir o aumento com a diminuição dos custos, e convenhamos nem sempre é tão simples assim.

A tecnologia tem ajudado bastante as grandes indústrias a conseguirem alcançar esse objetivo, mas é sempre um grande desafio e nem sempre as empresas focam em coisas que realmente impactam na redução de custos, gerando desmotivação e muitas vezes tendo um efeito contrário ao desejado.

Como professor um dos objetivos que mais me chama a atenção é a possibilidade de trocar conhecimento e ampliar as competências individuais.

Com a globalização ficou muito mais fácil aprender um novo idioma ou fazer uma pesquisa científica onde seja necessário, por exemplo, aprender sobre uma determinada cultura ou tradições de um determinado povo. Acredito que com a ampliação do metaverso[6] essas possibilidades serão ainda maiores, mas isso é assunto para outro momento.

Talvez o maior objetivo seja, na verdade, a redução de custos relativos à mão de obra e matéria-prima, principalmente dos países mais pobres ou ainda em desenvolvimento.

Talvez você esteja e perguntando, mas e as conexões feitas através das redes criadas pela globalização? Isso também é um objetivo da globalização, é só observar, por exemplo, o que aconteceu com os bancos e as instituições financeiras, em geral, e o quanto foram facilitadas todas as transações que antes precisavam necessariamente de interações e que hoje acontecem virtualmente.

Se a intenção era encurtar distâncias, culturais, econômicas, de relacionamento entre tantas outras, com certeza a globalização foi eficiente nesse sentido.

5.4 EXEMPLOS DE GLOBALIZAÇÃO

É bem provável que algumas pessoas não tenham a abrangência de visão quando se fala em globalização, em muitas classes em que lecionei era comum a ideia da globalização apenas como uma forma de conectar pessoas através do mundo, e essa ideia não está errada, apenas não dá para dizer que apenas isso é considerado globalização.

Esse fenômeno de conectar pessoas através do mundo digital por intermédio da utilização e em muitos casos até o desenvolvimento de ferramentas tecnológicas é chamado de **Globalização**

---

6   O metaverso é um universo virtual onde as pessoas podem interagir com o objetivo de reproduzir a realidade a partir da utilização de ferramentas digitais (nota do autor).

Tecnológica, e esse tipo de globalização somente é possível graças ao aumento do intercâmbio de conhecimento entre países.

A palavra-chave para o entendimento da globalização tecnológica é "integração", o que de certa forma pode ser observado com maior clareza nas redes sociais, talvez por isso algumas pessoas acreditem que apenas o convívio e a utilização de ferramentas digitais por parte das pessoas podem ser entendidos como globalização.

Outro exemplo que precisa ser destacado é a **Globalização Econômica**, onde é possível observar pessoas, instituições ou até mesmo países realizando trocas que podem ser financeiras, culturais ou até mesmo comerciais, na grande maioria das vezes sem qualquer tipo de restrições.

Após a queda do muro de Berlin em 1989, o mundo muda sua visão sobre o que até então se acreditava e a divisão entre países capitalistas e socialistas e a globalização econômica, por esse motivo, passou por um aprofundamento em seus conceitos.

Para se ter uma ideia do quanto essas ações foram importantes quando se pensa em conectar pessoas através do mundo, foi a partir da globalização econômica que associações como o Mercosul[7] surgiram, e isso se deu basicamente por causa do aumento significativo do fluxo de mercadorias e as consequentes transações financeiras que passaram a acontecer ao redor do mundo.

A ideia central é que ao se associarem em blocos econômicos, os países passam a ter mais força nas relações comerciais, o que de certa forma acaba por favorecer países com menor poder de fogo na hora de negociar com países mais fortes.

---

7   O Mercado Comum do Sul, ou simplesmente MERCOSUL, é uma organização internacional criada em 1991 para adoção de políticas de integração econômica e aduaneira entre países da América do Sul (nota do autor).

A **Globalização Cultural** também é um exemplo de como a globalização mudou as relações pelo mundo, e que aconteceu principalmente graças a maior circulação de informações a respeito de características culturais das mais diferentes sociedades espalhadas pelo mundo.

Hoje já é possível ver um intercâmbio que influencia diretamente os hábitos das pessoas, por exemplo, na forma de falar, na maneira de se comportar, se vestir, entre outras coisas que até então eram características exclusivas e que dificilmente ultrapassavam as fronteiras de um determinado local.

Talvez o maior ganho que a globalização cultural trouxe foi a possibilidade de pessoas de qualquer cultura e que estejam em qualquer parte do mundo tenham acesso a informações sobre hábitos que até então somente poderiam ser conhecidos *in loco*[8], hoje uma pesquisa simples ou a participação em algum grupo na internet possibilita esse tipo de aprendizado.

Mas existem outros exemplos de globalização que eu também poderia citar aqui, a globalização política, financeira, geográfica, ecológica, enfim, diversos tipos de exemplos de como esse fenômeno "chamado globalização" aproximou as pessoas e intensificou as relações pelo mundo, mas é sempre bom lembrar que assim como qualquer outro tipo de inovação apresentada ao longo da história, sempre haverá registros de pontos positivos e pontos negativos.

---

8   *In loco* é uma expressão em latim, que significa "no lugar" ou "no próprio local" (nota do autor).

6   O NEGÓCIO

Sempre que em alguma aula o tema "negócio" aparece, percebo que nem sempre é muito claro para os alunos o que realmente significa o conceito, por isso utilizo um exemplo que em minha opinião facilita bastante o entendimento.

Digo para imaginarem o dia da colação de grau, momento de festa, alegria, realização, coro, riso, mas após os capelos serem jogados para o alto e todas as fotos serem tiradas vem aquele momento de reflexão com perguntas do tipo "e agora?".

É nesse momento que muitas ideias podem surgir e o simples fato de algum colega chegar até você e dizer que gostaria de contar com você em um negócio que ele tem em mente pode fazer toda a diferença no próximo passo.

Algumas pessoas entendem, no entanto, que nesse estágio estou falando da criação de uma empresa, mas esse é o próximo passo, o que se está pensando nesse primeiro momento ainda é a viabilização do negócio, em outras palavras, o que se pretende fazer ou disponibilizar para alguém que precise ou esteja disposto a adquirir de acordo com o que se definiu ser o cerne do negócio.

Gosto bastante da definição de Chiavenato (2005) para o entendimento do conceito, pois me parece claro o suficiente para que meus alunos ou qualquer pessoa que se interesse pelo tema tenha clareza suficiente de entendimento sobre assunto.

O autor diz que negócio é "um esforço organizado por algumas pessoas com o intuito de produzir bens e serviços, em um mercado específico para assim vender e alcançar recompensa financeira".

A recompensa financeira a que o autor se refere nada mais é do que o retorno do investimento inicial e o possível lucro alcançado, mas lembre-se, lucro deve ser o resultado de uma boa gestão do negócio, logo uma consequência de ações efetivas para se alcançar bons resultados no que se refere a missão organizacional e sua visão e não um objetivo puro e simples.

O mundo dos negócios tem mudado bastante nos últimos anos e o que até então parecia algo distante ou para poucos como, por exemplo, negócios além-fronteiras (assunto que falaremos melhor no capítulo 7), hoje é tão natural quanto ligar seu aparelho de celular.

Mas há que se ficar atento ao que chamo de ser aventureiro ao invés de empreendedor, pois tenho percebido um movimento que tenta trazer à tona a discussão do quanto empreender pode ser a salvação da lavoura em momentos de crise e falta de emprego.

Entender o lugar onde se pretende iniciar ou desenvolver um negócio é fundamental para que não seja preciso contar com a sorte, coisa que particularmente não acredito muito, ou melhor, não gosto da ideia de deixar as coisas por conta dela, prefiro planejar bem todos os passos antes do pontapé inicial.

No caso de negócios em outros países alguns aspectos se tornam importantíssimos como, por exemplo, a cultura local, costumes, legislações e até mesmo a religião, mas falaremos mais sobre isso mais para frente.

Uma coisa que não se pode deixar de dizer é o quanto o mundo dos negócios é dinâmico e o quanto ele é suscetível às mudanças que acontecem no macroambiente, mas para que afirmação faça sentido vamos entender melhor esse "ambiente" que apesar de estar do lado de fora pode trazer impactos (positivos ou negativos) significativos.

6.1　O MACROAMBIENTE

O macroambiente ou ambiente geral são as variáveis externas ao negócio que interagem entre si constantemente e que não estão sob o controle do negócio.

Envolve alguns ambientes que são fundamentais para o bom andamento do negócio, mas precisam ser conhecidos, estudados e acompanhados para que assim seja possível estabelecer, ou pelo menos tentar buscar certo tipo de controle sobre eles.

Diversos autores já falaram sobre o assunto e trouxeram para reflexões diferentes ambientes externos que se encaixam na definição acima e que precisam ser cuidadosamente observados, vejamos alguns dos mais importantes.

6.1.1　Ambiente econômico

Certamente uma das variáveis mais importantes do macroambiente, pois está diretamente relacionado com os eventos econômicos pelo qual o país estiver passando.

Situações de aquecimento ou desaquecimento da economia, recessão, inflação, são apenas alguns exemplos de como o ambiente econômico pode afetar de maneira positiva ou negativa e precisam ser cuidadosamente observadas a ponto de se tornarem importantes indicadores de tomada de decisão.

Para dar uma ideia do poder que essa variável possui é possível até que demanda seja afetada e isso não é tão difícil de entender, se o país estiver vivendo um momento de falta de emprego onde as pessoas não têm dinheiro para consumo fatalmente haverá uma queda nas vendas, ou seja, um efeito que afetará o negócio e provavelmente trará consequências negativas.

6.1.2 Ambiente tecnológico

Outra variável importantíssima, principalmente nos dias atuais, tanto que muitas empresas acabam se tornando referência por desenvolver e distribuir ferramentas que acabam se tornando essenciais na gestão dos negócios, mas algumas acabam por ir na direção contrária e desenvolvem suas próprias ferramentas.

A tecnologia é uma realidade que não se pode mais ignorar e o desenvolvimento das pessoas na questão do ambiente tecnológico passa a ser de fundamental importância haja vista que sua utilização apesar de trazer ganhos imensuráveis pode se tornar obsoleta rapidamente fazendo com que atualizações ou novas criações sejam necessárias com o objetivo de se manter ativo e competitivo.

Saber a hora de abandonar uma tecnologia obsoleta ou de atualizá-la se isso ainda for possível é apenas um exemplo de como a tecnologia pode afetar o negócio caso não seja bem administrada.

O maior exemplo para mim da importância ao ambiente tecnológico é como nós seres humanos fomos diretamente afetados por ele e o quanto nos tornamos reféns da tecnologia e isso é crescente a olho nu, basta lembrar como era sua vida há alguns anos atrás no dia a dia e nas empresas, mas um fato que não pode ser negado é que uma revolução se iniciou e ainda está em curso em todos os setores e quem não se atentar para isso provavelmente ficará para trás em relação aos concorrentes.

6.1.3 Ambiente político e legal

Ambiente que abrange as leis (municipais, estaduais e federais), normas, códigos e tudo aquilo que visam estabelecer e regular as atividades do negócio, seja ele um negócio local ou internacional.

Nesse ambiente é fundamental identificar e analisar o que Crocco *et al.* (2010) chamou de grupos de interesses como, por exemplo, a Federação dos Bancos, das indústrias, os sindicatos, entre outros.

Exemplo mais recente do ambiente político e legal que afetam diretamente o negócio são as correntes ideológicas tão comentadas nos últimos anos e de que forma elas são utilizadas na busca de seus objetivos.

6.1.4 Ambiente sociocultural

Esse ambiente é importantíssimo quando se pensa no mercado internacional, afinal, refere-se às tendências relativas às crenças e valores de cada povo com que a empresa tem algum tipo de interação.

É possível incluir dentro desse ambiente as variáveis demográficas, ou seja, algumas características que diferenciam as pessoas como, por exemplo, o estilo de vida, comportamento social, média de idade da população, densidade populacional, entre outros.

6.1.5 Ambiente natural

Outro ambiente que não pode ser desconsiderado, pois leva em conta os recursos naturais (existentes ou não) de cada região ou país.

Cada vez mais o crescimento sustentável é trazido para discussão, pois os recursos em muitos lugares são escassos e sua á utilização pode levar a manchas muitas vezes irreversíveis para a imagem do negócio sem falar do custo que isso pode representar a médio e longo prazo.

Perceba que todas essas variáveis estão do lado de fora do negócio, mas distantes.

Existem, no entanto, outras variáveis externas que não fazem parte do macroambiente por estarem mais próximas ou dentro do negócio e é sobre elas que falaremos a seguir.

6.2 O MICROAMBIENTE

O microambiente, diferente do macro, é específico dependendo do negócio que se estiver analisando e é de onde são retirados todos os recursos necessários para viabilizar a produção ou a prestação de serviços definida no momento da criação do negócio.

Chiavenato (2005) lembra que esse ambiente pode ser encontrado com outros nomes como, por exemplo, ambiente de tarefa ou ambiente de operações e que constitui uma parte específica do ambiente geral.

O autor lembra também que é nesse ambiente que se identifica o mercado em que o negócio atuará, qual o seu nicho e como são obtidos recursos para transformar a matéria-prima no produto.

A seguir apresentarei os principais agentes desse ambiente.

6.2.1 Fornecedores

Indispensáveis para qualquer tipo de negócio, pois são os responsáveis pelos insumos que serão utilizados no processo de transformação da matéria-prima.

Em alguns mercados esse agente é tão importante que muitas vezes chega ao ponto de ser um ponto importante na definição da cadeia produtiva, se você não acredita nisso pense na relação entre a refinaria de petróleo e os postos de gasolina e como isso impacta na hora da definição de preços.

É importante conhecer bem e ter um bom relacionamento com os fornecedores para que questões simples como aumento nos preços ou o não cumprimento dos prazos de entrega não venham a impactar negativamente no negócio.

Lembrar-se que o que foi falado no capítulo 1 (negociação) pode ajudar significativamente em momentos críticos que porventura possam aparecer durante o processo.

Chiavenato (2005) elenca alguns tipos de fornecedores bastante comuns e fáceis de serem encontrados:

- **Fornecedores de recursos financeiros:** são aqueles que atuam com mercado de capitais ou no próprio mercado financeiro, de investimento, de empréstimos, entre outros;
- **Fornecedores de recursos materiais:** são aqueles que vão abastecer o negócio com a matéria-prima necessária para o processo de transformação, sejam elas brutas, semiacabadas, sem processadas etc.;
- **Fornecedores de recursos tecnológicos:** são aqueles responsáveis por disponibilizar máquinas e equipamentos tecnológicos indispensáveis ou necessários ao negócio;
- **Fornecedores de recursos humanos:** são aqueles capazes de abastecer o negócio com talentos e competências necessárias para o alcance dos objetivos planejados.

A heterogeneidade dos fornecedores indispensáveis ou necessários ao negócio dependerá da complexidade que os produtos e serviços atinjam ao longo do processo ou de seu ciclo de vida.

6.2.2 Consumidores

Qualquer pessoa que esteja disposta a adquirir o que foi produzido ou utilizar o serviço disponibilizado, não necessariamente o público-alvo, mas que seja impactado ou impacte o negócio a partir das decisões adotadas pela empresa.

6.2.3 Concorrentes

São as empresas do mesmo segmento que disputam os mercados, os mesmos clientes e muitas vezes os mesmos fornecedores.

O ponto principal aqui é buscar formas inteligentes e eficientes onde o consumidor consiga enxergar quais são os diferenciais entre seu produto e o do seu concorrente (preço, qualidade etc.) e assim conseguir a tão desejada vantagem competitiva, mas lembre-se, isso não acontecerá da noite para o dia muito menos sem planejamento e estratégia muito bem pensadas.

Agora que você já sabe o que é um negócio e como ele é composto ficará muito mais simples entender o que é uma empresa e mais, as diferenças entre eles.

6.3 O QUE É UMA EMPRESA

A diferença básica em relação à definição de negócio é que empresa são pessoas que trabalham juntas para que a empresa alcance seus objetivos a partir da gestão das pessoas, do marketing, da produção e das finanças, que eu costumo chamar de pilares da empresa.

Não quero com isso passar a ideia de que as outras áreas não são igualmente importantes, mas é a partir desse quarteto que a empresa inicia sua caminhada rumo ao sucesso do negócio.

Os objetivos organizacionais são divididos em dois tipos distintos, diretos e indiretos (Chiavenato, 2005, p. 41).

- **Objetivos diretos:** são aqueles diretamente ligados a produção e comercialização de seus produtos e serviços além de atividades comunitárias;
- **Objetivos indiretos:** são aqueles que serão alcançados em decorrência da administração correta dos objetivos diretos, são eles o lucro, a satisfação dos consumidores, entre outros.

6.4 TIPOS DE EMPRESAS

Existem diferentes tipos de empresas de acordo com seu ramo de atividade (Chiavenato, 2005, p. 42), a seguir apresentarei alguns deles com base nas pesquisas do autor, para que facilite ainda mais os conceitos apresentados até aqui.

- **Comércio atacadista:** atacado de medicamentos, alimentos, materiais de escritório etc.;
- **Construção:** engenharia de construção, serviços de manutenção de edifícios etc.;
- **Comércio varejista:** lojas em geral, restaurantes, pizzarias etc.;
- **Serviços:** agências de viagem, escolas, restaurantes etc.;
- **Finanças, seguros e imobiliárias:** corretoras de imóveis, agências de seguros etc.;
- **Mineração:** empresas de areia, cascalho etc.;
- **Transporte e utilidades públicas:** empresas de taxi, estações de rádio etc.;
- **Manufatura:** oficinas em geral.

As empresas podem ainda ser classificadas como industriais, comerciais ou prestadoras de serviços de acordo com o ramo de atividade definido.

6.4.1 Empresas industriais

São aquelas que transformam a matéria-prima em produtos prontos para ser comercializado, seja esse produto um bem de consumo ou um bem de produção. Falarei melhor sobre isso no capítulo 8.

É importante salientar que a transformação da matéria-prima em empresas industriais pode se dar tanto de maneira manual quanto através da utilização de máquinas e ferramentas específicas para cada etapa do processo.

No site do SEBRAE (Serviço Brasileiro de Apoio às Micro e Pequenas Empresas) é possível encontrar a informação de que são consideradas empresas industriais tanto as pequenas indústrias, muitas vezes com produção baixa e artesanal, quanto às empresas maiores e mais modernas como, por exemplo, as que produzem instrumentos eletrônicos em larga escala.

6.4.2 Empresas comerciais

Ao contrário das empresas industriais, as comerciais não produzem nada e sim comercializam seus produtos diretamente ao consumidor final (comércio varejista) ou compram de quem produz para vender ao varejista (comércio atacadista).

Vejamos alguns exemplos de empresas comerciais varejistas e atacadistas para que não fique nenhuma dúvida sobre as diferenças e características individuais de cada uma delas:

- **Comércio varejista:** supermercados, hipermercados, postos de gasolina, açougues, entre outros;
- **Comércio atacadista:** atacado de produtos alimentícios talvez seja o melhor exemplo, aliás, tem um que tem atacado até no nome. Caracteriza-se pela compra de produtos em grandes quantidades que para o varejista que se utiliza desse tipo de aquisição possa revender ao consumidor final, e essa prática pode ser interessante por causa do preço.

6.4.3 Empresas prestadoras de serviço

O jeito mais fácil para entender o que é uma empresa que presta serviços em minha opinião é a forma como explico em sala de aula.

Em outras palavras a empresa prestadora de serviços não produz nem tem como objetivo a entrega de uma mercadoria física e sim a venda de um conhecimento a partir da oferta do próprio trabalho para resolver um problema de alguém que não sabe como resolver, não tem pessoas capacitadas para resolver por perto ou não dispõe de tempo para resolver.

Você pode encontrar diversos exemplos do que acabei de escrever no seu dia a dia, por exemplo, a escola e a universidade onde você estuda ou estudou, as consultorias dos mais variados segmentos, oficinas mecânicas, bancos, hospitais e muitos outros.

Agora que você já sabe o que é um negócio e o que é uma empresa é possível seguir e falar do mercado dando ênfase ao mercado internacional, afinal é onde acontecem as transações de compra e venda essenciais para qualquer negócio.

7 MERCADO INTERNACIONAL

Se você compreende o significado de mercado, não será difícil entender seu significado quando pensado de uma maneira mais abrangente, em outras palavras quando pensado em um contexto internacional.

Mas vamos por partes, afinal de contas nem todo mundo pode ter os conceitos de maneira clara na cabeça.

Mercado nada mais é que um local, físico ou não, onde, através de pessoas que precisam se desfazer de seus produtos ou realizar algum tipo de serviço (vendedores), esperam poder fazer negócios com pessoas que precisem do que está sendo ofertado (compradores).

Essa relação de oferta e demanda será explorada melhor nos tópicos 7.3 e 7.4.

Mercado, então, nada mais é do que os locais onde acontecem as transações de compra e venda e se efetivam as transferências de propriedades através de operações na maioria das vezes financeiras.

Bom, se está claro o conceito não será difícil entender o que significa atuar no mercado internacional não é mesmo?

Se as operações de compra e venda, ou transferências de propriedade como citado no paragrafo anterior, acontecem fora do país de origem de quem vende ou de quem compra, estamos falando então de mercado internacional.

Cada vez mais é possível ver a economia de diversos países sendo beneficiada pelo mercado internacional, principalmente em países que acabam por algum motivo tendo um excedente de produção que não será absorvido pelo mercado interno.

Nos dias atuais onde o mundo está cada vez mais globalizado, como abordado no capítulo 5, diversificar os mercados acaba por se tornar uma alternativa bastante interessante (e rentável), pois garante que as empresas continuem comercializando produtos e prestando serviços mesmo que aconteça algum tipo de crise interna que inviabilize a continuidade de suas atividades.

Com o passar do tempo, se bem administrado o negócio, a probabilidade que a empresa cresça é bastante provável, sendo assim nada mais lógico imaginar a possibilidade de expandir os negócios para algum mercado internacional.

Esse fenômeno pode ser entendido como "internacionalização", que como diz Freire (1997) trata-se de um alargamento das estratégias adotadas para os produtos-mercados que serão integrados a outros países que precisem ou tenham interesse no que está sendo ofertado, e é sobre isso que falaremos a seguir.

7.1 A INTERNACIONALIZAÇÃO DAS EMPRESAS

Apesar de falar bastante sobre o assunto nos cursos de Administração e Gestão e Negócios em que atuo, confesso que não esperava (na verdade, nem me lembrava mais) retomar em forma de texto um assunto que abordei em minha dissertação de Mestrado lá na primeira década dos anos 2000.

Acontece que o assunto é pertinente ao tema desse livro e precisa ser incluído aqui, sendo assim farei como no Trabalho de Conclusão de Curso citado, traçarei uma linha histórica para melhor contextualizar o tema.

Exportações de produtos por empresas brasileiras não é algo recente, muitas já faziam isso nas décadas de 1960 e 1970 enviando seus produtos principalmente para a Europa, mas foi mais recentemente, no final da década de 1980, início da década de 1990 que as discussões sobre o tema internacionalização voltou à cena com força, pois em um ambiente cada vez mais competitivo, as empresas perceberam que precisavam se fortalecer frente a concorrência (Cooper; Kleinschmidt, 1985).

Talvez as palavras principais para que o processo aconteça de maneira eficiente sejam adaptação e sabedoria, pois as empresas interessadas em invadir o mercado internacional precisarão ter foco e persistência para conseguir sucesso na cada vez mais acirrada competição internacional (Ribeiro, 2009).

O autor lembra, ainda, outra coisa de extrema importância para quem pensa em internacionalizar os negócios. Quem pensa em trabalhar e agir em culturas diferentes precisa, necessariamente, buscar e se amparar nas semelhanças.

Observe o que aconteceu com as indústrias automobilísticas aqui no Brasil que antes estavam aparentemente tranquilas numa briga exclusivamente interna, mas que se viram forçadas a buscar e explorar novos mercados fora de seu país de origem para que fosse possível encontrar novas oportunidades que continuassem garantindo o lucro, desejado e necessário (Santos, 2001).

Mas nem todas estão preparadas para se aventurar no mercado internacional, ainda é possível encontrar empresas brasileiras com objetivos estratégicos claros e definidos visando apenas o mercado interno.

Para falar a verdade a impressão é que elas não querem e não estão sequer se preparando para atuar também no mercado externo (Kraus, 2006).

Mas será que isso é um problema? A princípio não.

Uma pergunta que talvez possa ser feita é porque algumas empresas buscam internacionalizar suas atividades e outras não, e a Fundação Dom Cabral fez essa pergunta em uma pesquisa bastante abrangente sobre o assunto intitulada "Pesquisa sobre a internacionalização da empresa brasileira", disponível em seu site[9].

O resultado mostrou que os principais motivos pela busca da internacionalização são:

- Busca de economia de escala;
- Desenvolvimento de competências para atuar em mercados internacionais;
- Exploração das vantagens de localização no Brasil; e
- A saturação do mercado brasileiro.

Mas é preciso avaliar com bastante cautela o mercado antes da decisão final de entrar ou não em suas dependências, falaremos um pouco mais sobre isso a seguir.

7.2 AVALIANDO A ENTRADA NO MERCADO INTERNACIONAL

Será que se o mercado interno fosse grande o bastante as organizações optariam por expandir seus negócios para além-fronteiras?

---

9 A pesquisa estava disponível para consulta no site da Fundação Dom Cabral, quando foi feita a pesquisa realizada para a elaboração desse livro em julho de 2023 no link: https://www.fdc.org.br/conhecimento/publicacoes/relatorio-de-pesquisa-4115

Essa pergunta provavelmente não será nunca respondida, mas Kotler; Keller (2012, p. 647) levantaram essa questão e confesso que me levou a reflexões interessantes a respeito do tema.

Por exemplo, será que seria preciso que os gestores de pessoas que estão à frente dos negócios, os tomadores de decisão, aprendessem outro idioma? Precisariam conhecer as leis vigentes em outros países? Estudar para conseguir se proteger das oscilações de moedas? Saber lidar com as incertezas políticas?

Enfim, são apenas algumas perguntas que certamente não terão respostas, mas que fazem a gente refletir.

Mas a realidade é outra e muitos são os fatores que podem ser analisados antes de decidir, vejamos alguns deles trazidos a partir dos estudos de Kotler e Keller (2012, p. 647):

- Um ponto a ser considerado e que certamente pode fazer muita diferença na hora da decisão é o fato de que alguns mercados internacionais podem ser muito mais interessantes do ponto de vista de lucro do que as possibilidades encontradas no mercado interno.
- Ampliar as possibilidades é sempre uma boa estratégia, quem nunca ouviu aquele jargão "nunca coloque todos os ovos em uma única cesta?" Essa é uma maneira de não ser dependente de um único mercado, no caso o interno.
- Com a globalização ficou muito mais fácil das pessoas se deslocarem para fora de seus países de origem, dessa forma algumas empresas perceberam que seus clientes não estavam mais apenas em seus domicílios, logo o atendimento internacional em muitos casos passou a ser exigido.

Eu poderia enumerar outros pontos para reflexão do porquê algumas empresas decidiram expandir seus negócios, mas acredito que deixei meu ponto bastante claro, no entanto, é preciso ponderar os riscos também antes de tomar a decisão de internacionalizar seu negócio, afinal de contas, eles sempre existem.

- Conhecer as preferências do público-alvo é sem dúvida nenhuma um dos maiores desafios dos profissionais de marketing frente às estratégias a serem adotadas, e não compreender adequadamente o que o mercado estrangeiro necessita pode ser um dos maiores riscos, pois pode fazer com que seu produto, mesmo que excelente, não se torne competitivo ou atraente aos olhos do público local.
- Isso sem falar da cultura que precisa ser estudada e compreendida antes de qualquer decisão estratégica de internacionalização, mas convenhamos que aqui no Brasil, talvez por se tratar de um país com dimensões continentais, temos muita dificuldade de entender nossa própria cultura.
- Outro erro que pode acarretar riscos para o negócio é ignorar as normas do país em que se está iniciando um novo negócio, isso pode trazer, entre outras coisas, custos que não estavam previstos inicialmente.
- Outra questão que pode acarretar problemas é um sistema de gestão ineficiente. Promover ou designar gestores sem experiência internacional também pode trazer riscos a médio e longo prazo para o negócio, por isso é importante identificar e preparar os talentos que assumirão esse papel em um país estrangeiro, enfim, são muitas as variáveis apontadas por Kotler e Keller (2012, p. 647), mas ignorar essas possibilidades pode ser um risco ainda maior.

Vou deixar aqui cinco passos simples apenas como sugestão para avaliação antes da decisão final sobre o ingresso ou não no mercado internacional:

7.2.1 A escolha inicial

Escolher um país para expandir os negócios e torná-los internacionalmente conhecidos não é uma tarefa aleatória, tampouco simples a ponto de ser tratada com menor grau de importância, é fundamental que alguns pontos sejam levados em consideração como, por exemplo, se perguntar se naquele local há oportunidades que façam todo o investimento valer a pena. Infelizmente nem todos os países poderão oferecer essa possibilidade.

Alguns autores sugerem que é preciso ter algum ponto em comum antes da decisão final de qual país escolher na hora de ingressar no mercado internacional, e esse ponto pode ser a cultura, a língua e até mesmo a proximidade.

Pensando dessa forma é possível imaginar que é muito mais fácil expandir os negócios para Portugal por causa do idioma do que para a Rússia, ou para a Argentina por causa da proximidade do que para algum país do oriente, mas é bom lembrar que tudo isso são apenas hipóteses, não necessariamente regras.

7.2.2 Avaliação preliminar

O próximo passo é aprofundar a análise, levar em conta os aspectos macro e microeconômicos do país escolhido, e isso se faz necessário para que seja possível avaliar, entre outras coisas, os custos envolvidos no processo de entrada no mercado internacional.

O que se espera com essa análise mais aprofundada é que seja possível criar uma lista onde se possa deixar claro quais possibilidades são verdadeiramente viáveis e quais não são e geralmente nessa etapa muitas possibilidades pensadas inicialmente são descartadas por não apresentar o potencial necessário.

7.2.3 Informações sobre o público-alvo

Ao chegar nessa etapa a seleção começa a ficar mais apropriada ao que se pretende fazer fora do país de origem, isso porque os países inicialmente selecionados passaram por um processo inicial que os caracteriza como "viáveis", mas isso não é suficiente para que se possa garantir sucesso na empreitada.

Da mesma forma que no mercado local, conhecer as expectativas e necessidades do mercado-alvo são fundamentais para o sucesso do negócio no mercado internacional e alguns aspectos importantes precisam ser considerados nessa fase como a definição do preço a ser cobrado, se o produto é bom o suficiente para as necessidades locais e porque não dizer a relação entre esses dois fatores, pois não adianta nada o produto ser bom, atender as necessidades e as pessoas não estarem dispostas a pagar o preço para tê-lo.

7.2.4 A escolha final

É chegado o momento de decidir para qual país os negócios serão expandidos, afinal de contas todo processo inicial de análise para chegar o mais perto possível de uma decisão minimamente positiva foi feito.

O próximo passo é definir os objetivos estratégicos, pois eles podem exigir coisas que não necessariamente seriam exigidas no mercado local.

Uma coisa que não deve jamais ser desconsiderada são os erros cometidos anteriormente, principalmente se a empresa já atual no mercado internacional em algum outro país.

Como já foi dito, criar pontos de aprendizado organizacional a partir dos erros cometidos no passado sempre parecerá uma boa ideia.

7.2.5 Vivenciando a cultura local

Pronto, decisões tomadas com bases sólidas é o momento das pessoas responsáveis pelo processo de internacionalização conhecer o país escolhido *in loco*, dessa forma será possível conhecer as particularidades da nova realidade que os espera não de longe e sim vivenciando na prática a cultura e principalmente como funcionam as questões relacionadas aos negócios naquela região.

Dessa forma é possível fazer avaliações que certamente serão importantes no futuro como, por exemplo, entender as diferenças principais entre o mercado local e o novo mercado fora das fronteiras de seu país.

Outro ponto importante e que precisa ser estudado é a demanda local, em outras palavras a "Lei de Oferta e Procura" e isso se faz necessário para que seja possível estabilizar a balança entre quem quer/precisa **vender** e quem quer/precisa **comprar**, e é sobre as diferenças entre a situação de mercado em oferta e procura que falaremos a seguir.

7.3 MERCADO EM SITUAÇÃO DE OFERTA

Agora que não restam mais dúvidas quanto à definição de mercado, vamos falar um pouco sobre um fenômeno que impacta diretamente estratégias, principalmente no que se refere ao preço de produtos e serviços.

De maneira bem simples mercado, como já foi explicado, é o local onde as transações de compra e venda acontecem e oferta é quando produtos são oferecidos nesse mercado.

Em outras palavras o mercado em oferta é aquele onde é possível encontrar mais produtos sendo oferecidos do que pessoas interessadas em adquiri-los, ficou confuso? Vamos então a um exemplo prático.

Imagine que você está viajando para algum lugar onde há diversas opções de passeios radicais, mas para poder se aventurar em algum deles você precisa contratar o serviço de pessoas especializadas no local.

Imagine ainda que a contratação acontece em uma rua específica, onde diversos negócios igualmente específicos para o fim pensado estão disponíveis e são facilmente encontrados, quem conhece a cidade de Monte Verde no sul de Minas Gerais vai se identificar com o exemplo.

Logo de cara é possível encontrar uma característica clara do mercado em oferta, se você imaginar apenas você e não todo o contingente de pessoas que buscam o serviço há mais ofertantes nesse exemplo do que compradores.

Com isso é possível então afirmar que há muitas opções para você, comprador, pensar, avaliar e tomar a melhor decisão sobre qual empresa contratar, afinal de contas você terá uma gama enorme de serviços a sua disposição.

Se você prestou atenção em tudo que foi explicado no capítulo 1 e conseguir colocar em prática as ferramentas que podem transformar você em um bom negociador, provavelmente você conseguirá estabelecer uma concorrência entre os ofertantes do serviço, pois todos precisam que o serviço oferecido seja comprado e é muito pouco provável que você acabe comprando o mesmo passeio de diferentes companhias.

A tendência é que você acabe optando por fechar com a companhia que oferecer o menor preço, ou seja, quando o mercado está em situação de oferta os consumidores assumem um protagonismo no processo de decisão e os preços tendem a baixar.

É importante deixar claro, no entanto, que o exemplo tem por objetivo apenas apresentar as tendências que mostram que o mercado está em situação de oferta, mas é claro que a decisão final em uma situação real não deve ser feita apenas em cima do preço, outras características como idoneidade, segurança, entre outras também devem ser colocadas na balança.

7.4 MERCADO EM SITUAÇÃO DE PROCURA

Já com o mercado em situação de procura a situação se inverte.

Vou utilizar o mesmo exemplo para que você possa enxergar as diferenças principais e assim não restar nenhuma dúvida do que é e quais são as características principais da Lei de Oferta e Procura.

Se diferente do exemplo apresentado no item anterior você estivesse no mesmo lugar imaginado, só que dessa vez para satisfazer sua vontade aventureira de explorar todas as possibilidades de adrenalina oferecidas pelo lugar você tivesse apenas uma opção, ou seja, apenas uma companhia oferecendo esse serviço o que aconteceria?

Nesse caso a primeira característica a se observar é que ao contrário do exemplo anterior a oferta é muito menor do que a procura, pois essa única opção terá que atender toda a demanda e nessa situação o controle sai completamente da sua mão na hora de negociar.

Isso acontece pelo simples fato de que agora existem muito mais compradores do que ofertantes. No exemplo anterior essa relação era diluída entre as diversas possibilidades de oferta.

O que se observa nessa situação é a falta de produtos ou serviços, pois quem oferta não tem condições de atender todos os consumidores e a concorrência então passa a ser entre os compradores e não mais entre os ofertantes e com isso o que se observa então é uma tendência real de elevação nos preços.

Vocês se lembram do que aconteceu com o preço do álcool em gel no início da pandemia de COVID-19 no Brasil? Produto faltando e o pouco disponível era vendido muito acima do preço normal antes da pandemia.

Resumindo:

- **Mercado em situação de Oferta**: mais ofertantes do que compradores e tendência de queda nos preços;
- **Mercado em situação de Procura**: mais compradores do que ofertantes e tendência de elevação nos preços.

Para finalizar é importante que fique claro que enquanto a oferta depende necessariamente de fatores como o preço e a quantidade disponíveis, a procura sempre dependerá da necessidade ou da vontade do consumidor final por isso é de suma importância que ao decidir ingressar no mercado internacional tudo que foi abordado nesse capítulo esteja muito claro para evitar surpresas que poderiam ter sido controladas.

8 COMÉRCIO INTERNACIONAL

Antes de entrar no tema em questão se faz necessário um entendimento inicial acerca do que é comércio e de que forma ele entrou na vida das pessoas com o intuito de satisfazer suas necessidades e de todos que vivem em sociedade.

Afinal de contas, por que o comércio existe? Será que há uma resposta minimamente aceitável para essa pergunta?

É possível encontrar diferentes visões a respeito, mas uma coisa, porém me parece ser possível afirmar: "o comércio só existe porque não há como uma sociedade produzir sozinha tudo aquilo que necessita a ponto de não precisar de outros insumos ou produtos que não consegue produzir".

Particularmente não consigo imaginar uma sociedade capaz de manter todas as suas necessidades atendidas utilizando apenas os recursos que dispõe afinal se fizermos apenas um exercício rápido é bem provável que você perceba que algumas têm, por exemplo, a tecnologia necessária para produzir e se manter enquanto outras sofrem por não dispor desse mesmo recurso.

Perceba que estou falando apenas de tecnologia um ponto importante na produção de bens de consumo ou de prestação de serviços, mas falaremos mais sobre eles em breve.

Essa relação de troca que se evidencia quando quem tem recursos sobrando e muitas vezes precisa se desfazer, pois não haverá o consumo interno, e disponibiliza para quem necessita devido à falta dos recursos necessários para produzir e se manter, caracteriza uma relação de comércio que pode ser local ou até mesmo internacional.

É preciso deixar claro que não estou falando de uma troca pura e simples, de um produto por outro, estou falando da troca a partir da utilização de uma unidade de valor aceita e instituída, por esse motivo surgiu à necessidade da criação de algo que fizesse o papel de intermediário nessas relações de troca, e assim nasceu a moeda.

Assim surge o comércio, graças ao excedente que não é consumido pela população local e a lógica é a mesma quando se pensa no comércio internacional. Essa prática acaba sendo benéfica a todos os envolvidos, pois o excedente que a princípio não teria utilidade acaba por se tornar dinheiro à medida que é comercializado possibilitando assim abastecer sua economia com aquilo que não dispõe ou não é capaz de produzir.

Em alguns casos até há condições de produzir localmente, mas as condições são tão abaixo do ideal que acarreta aumento do preço e muitas vezes perda de qualidade o que acaba forçando a busca por importações que atendam melhor as necessidades internas.

O que temos observado nos últimos anos é que o comércio internacional tem apresentado aumentos significativos desde que o fenômeno que podemos chamar de integração global passou a existir, e esse fenômeno se deu em diferentes países e de maneiras igualmente diferentes, mas sempre respeitando as condições e características de cada um deles.

Entretanto, mesmo adotando sempre o tom em torno do livre comércio, na prática, as coisas nem sempre caminham nessa direção afinal cada país tem seus próprios objetivos e muitas vezes o que se vê é o surgimento de barreiras comerciais, em outras palavras, os objetivos individuais acabam por prevalecer e isso dificulta e impacta no comércio internacional.

Essa prática pode dificultar, ou pior, levar à interrupção do comércio internacional e convenhamos isso pode ser prejudicial a diversos atores envolvidos no processo.

Mas o que se observa, no geral, é o comércio internacional se expandindo e com isso os produtos cada vez mais vão deixando de ser locais para se tornarem mundiais e é sobre isso que falaremos a seguir.

8.1 PRODUTOS MUNDIAIS

Não é novidade para ninguém que já faz tempo que o mundo deixou de ser uma caixinha fechada que basicamente obrigava as pessoas a consumir apenas os produtos locais.

Claro que sempre houve as exceções, pois havia uma minoria de pessoas que tinha condições de ir para fora de seu país de origem e desse modo ter acesso a produtos internacionais, ou seja, mesmo antes da globalização o comércio internacional era possível, porém muito mais limitado e restrito.

Muitos produtos eram produzidos apenas em escala local o que restringia o acesso a essa pequena parcela de pessoas e praticamente excluía a grande maioria que não tinha condições de se deslocar até o país produtor para adquirir o produto.

Mas hoje o cenário é completamente diferente e o acesso a produtos internacionais não é mais exclusividade ou acessível apenas a um pequeno grupo principalmente porque muitos produtos passaram a ser produzidos em escala mundial.

Olhe para o mercado automobilístico e veja a quantidade de veículos que hoje são produzidos para atender diferentes mercados ao redor do mundo, isso sem falar da expansão das fábricas para localidades até então pouco exploradas.

A partir do que estou chamando aqui de integração mundial o que se viu foi a produção de diversos produtos em larga escala ao redor do mundo o que facilitou bastante o comércio e olha que nem estou falando da possibilidade de adquirir produtos através de compras *online*.

Para ficar um pouco mais claro o que estou querendo dizer, imagine um veículo produzido na Argentina e comercializado lá e aqui no Brasil. Se o dono do veículo aqui no Brasil precisar de uma peça para seu veículo ele não precisará ir até à Argentina para comprá-la, provavelmente a distribuidora atenderá os dois mercados produzindo tanto lá quanto cá, o que diminui o desabastecimento fora do país de origem.

Lembro-me das reclamações sobre esse assunto quando os primeiros veículos franceses chegaram por aqui, muitos chegavam a ficar parados por semanas a espera de uma peça que só estava disponível no país de origem, o que inviabilizava muitas vezes a aquisição de um veículo assim.

Hoje não é comum ouvirmos queixas a esse respeito tanto que os veículos franceses são uma realidade nas ruas das grandes cidades com uma fatia do mercado consolidada e com consumidores fiéis.

A produção em larga escala ao redor do mundo é necessária até por uma questão de sobrevivência ou se preferirem por uma questão de atendimento a um cliente cada vez mais exigente e com opções diferentes no mercado, e não importa se estamos falando de bens de consumo, bens de produção ou da prestação de serviços, a lógica será sempre a mesma.

Uma questão surge e precisa ser explicitada a ponto de não restarem dúvidas sobre o que estamos falando que é o fato de algumas pessoas não terem muita clareza do ponto de vista de conceitos quais são as diferenças entre bens de consumo, bens de produção e serviços, por isso abordarei os temas a seguir.

8.2 BENS DE CONSUMO

Tentarei ser extremamente didático na explicação das diferenças entres os tipos de produtos e da prestação de serviço e para isso prefiro utilizar a mesma linguagem que utilizo em sala de aula, pois acredito que dessa forma o entendimento é bastante facilitado.

Desse modo é preciso esclarecer por que não gosto de usar tangível e não tangível para diferenciar produtos de serviços, mesmo sendo comum encontrar essas definições para diferenciá-los.

Uma vez em sala de aula falando sobre produtos e serviços ouvi de um aluno que ele estava confuso afinal ele vendia um produto, mas que ele o considerava intangível, então perguntei o que ele vendia e ele me respondeu que seu produto era seguro de carro.

Naquele momento percebi que diferenciar produtos de serviços apenas como tangível e intangível poderia causar confusões e talvez não ser a forma mais adequada de classificação por não ser tão simples assim a diferenciação entre poder ou não ser tocado.

Dessa forma prefiro dizer que produtos são bens duráveis ou não duráveis e que são, por direito, de alguém, em outras palavras possuem um dono e podem ser destinados ao consumo ou a produção.

Os bens de consumo, como o próprio nome diz, são os produtos destinados ao consumo, sem levar em conta a forma como ele chegou ao consumidor, são todos os produtos adquiridos para serem consumidos, por exemplo, produtos alimentícios, eletrodomésticos, roupas, móveis, entre outros que também têm como característica o consumo por quem o adquire.

Bens de consumo duráveis são aqueles que possuem um ciclo de vida e permanecem durante um período junto a quem o adquiriu, não apresentando desgaste em um prazo curto tampouco sendo consumido imediatamente.

Já os bens de consumo não duráveis possuem características diferentes, a principal delas certamente é seu consumo imediato.

Os bens de consumo podem ainda ser classificados como:

- **Bens de consumo de conveniência:** são aqueles que o consumidor utiliza com frequência;
- **Bens de consumo de comparação:** são aqueles que apresentam opções no momento da compra no que se refere à qualidade, preço etc.;
- **Bens de consumo de especialidades:** são aqueles mais procurados e que para se adquirir não se mede esforços.

8.3 BENS DE PRODUÇÃO

Já os bens de produção, também como o próprio nome diz, não se destinam ao consumo, logo seus consumidores são pessoas que utilizarão o bem adquirido para produzir algo novo.

Vou utilizar um dos exemplos do item anterior para explicar a diferença entre bens de consumo e bens de produção, por exemplo, roupas.

Ficou claro para você que uma peça de roupa é um bem de consumo porque quem compra uma peça irá consumi-la? Então agora imagine a empresa que fabrica a roupa.

Será necessária a compra de maquinário específico para cada etapa do processo de produção, logo quem fabrica esse tipo de máquina está, na verdade, fabricando um bem de produção, pois a finalidade desse produto não é ser consumido e sim produzir algo novo, nesse caso roupas, ficou clara a diferença?

Alguns exemplos de bens de produção que podemos citar são as máquinas industriais, prensas e até mesmo matérias-primas que serão transformadas durante o processo produtivo e se tornarão novos produtos.

8.4 SERVIÇOS

Com relação aos serviços podemos dizer que é uma forma de vender seu conhecimento para resolver os problemas de outras pessoas que não o fazem porque não dispõem de tempo, ou por não dispor do conhecimento necessário para fazê-lo.

É uma atividade que não envolve a entrega de mercadorias e que tem como objetivo atender demandas específicas, e uma característica fundamental da prestação de serviço é que não se pode separar o serviço propriamente dito de quem o presta, ou seja, não dá para contratar um serviço de manutenção no seu carro sem que o profissional que efetua o serviço venha junto, chamamos isso de inseparabilidade.

Com relação aos prestadores de serviços é importante dizer que eles podem ser fixos ou contratados, observe as diferenças:

- **Prestadores de serviços fixos:** são profissionais estabelecidos em um local específico como, por exemplo, um escritório e oferecem serviços igualmente específicos. O médico é um bom exemplo.
- **Prestadores de serviço contratados:** são profissionais que são contratados para atender uma demanda específica a partir de um contrato de prestação de serviços. Um bom exemplo são empresas de segurança patrimonial.

8.5 PRINCIPAIS DIFERENÇAS ENTRE VENDA DE PRODUTOS E PRESTAÇÃO DE SERVIÇOS

Acredito que tenha ficado bastante claro as diferenças principais entre bens de consumo, bens de produção e serviços, mas vale a pena trazer mais alguns dados para que não reste nenhuma dúvida quando se fala da venda de produtos e da prestação de serviços.

O primeiro ponto a se considerar é a propriedade, ou melhor, a troca da propriedade que não existe na prestação de serviços, por exemplo, se você contrata um profissional para consertar sua máquina de lavar roupa não há repasse da posse no momento da prestação do serviço.

Outro ponto importante é o custo da prestação de serviços, pois enquanto no produto a precificação é feita com base nos investimentos feitos (máquinas, pessoas, equipamentos etc.) e insumos utilizados (custo da matéria-prima etc.) na prestação de serviços a precificação é definida levando-se em conta outros fatores como, por exemplo, todo o esforço e tempo envolvidos para se adquirir aquele conhecimento.

Talvez esse seja o principal desafio para os prestadores de serviços e você já deve ter ouvido histórias de serviços que foram feitos muito rapidamente e que leva o consumidor a questionar o valor cobrado, pois na cabeça dele não é considerada toda especialização para se chegar até aquele ponto e assim resolver o problema, mas apenas o tempo gasto para realizar a tarefa em si.

Na prestação de serviços não há a preocupação com o prazo de validade enquanto em alguns produtos esse item é fundamental para definições importantes na hora da compra ou da venda.

9   O AUMENTO DO FLUXO INTERNACIONAL DE RECURSOS

O aumento do fluxo internacional de recursos, que aconteceu principalmente devido à globalização, é um fenômeno que tem sido cada vez mais observado ao longo das últimas décadas e isso tem promovido uma série de mudanças em sua grande maioria positivas como vimos no capítulo 5.

Provavelmente esse aumento foi uma das maiores mudanças advindas da globalização, o que de certa forma contribuiu positivamente para o comércio além-fronteiras na sociedade de maneira global.

Seguindo essa linha de raciocínio a globalização refere-se à interconexão crescente de países e economias em todo o mundo, impulsionada principalmente por avanços nas comunicações, tecnologia e transporte que de certa forma acaba por impactar diretamente empresas e pessoas em todo o mundo.

Cada vez mais é possível ver empresas buscando ocupar espaços antes inimagináveis em mercados espalhados pelo mundo, mas que agora não só parecem ser totalmente possíveis como acabam por se transformar em opções bastante viáveis por conta de uma aproximação cada vez mais presente na vida das pessoas.

Mandar dinheiro para uma conta no exterior, comprar utilizando aplicativos no celular ou ainda fazer aplicações financeiras em outros países, mesmo sem estar lá fisicamente, deixou de ser apenas uma possibilidade remota como as pessoas pensavam no final do século passado, se tornando algo totalmente viável e possível atualmente.

Foi-se o tempo em que apenas alguns poucos privilegiados tinham acesso a ferramentas, ou melhor, dispunham de condições que possibilitavam a circulação de recursos ou ainda pensar na própria circulação como forma de efetivar transações em âmbito internacional.

Hoje, mesmo que muitas pessoas ainda não tenham condições de se deslocar e assim servir de indicador que comprove o aumento do fluxo de recursos humanos pelo mundo, é possível ter acesso ao comércio internacional mesmo sem sair de casa, e tudo isso graças à globalização.

Mas os grandes deslocamentos em decorrência do acima exposto evidenciam cada vez mais o aumento de pessoas se movimentando através das fronteiras, além do fluxo de recursos sendo enviados ou trazidos todos os dias, e são muitas as razões que contribuem para esse fim, vejamos a seguir alguns dos principais exemplos de como o fluxo de recursos internacionais tem aumentado devido à globalização:

9.1 FLUXO DE RECURSOS FINANCEIROS

O deslocamento de capitais seja por intermédio das empresas que investem no desenvolvimento de novos produtos, na troca de experiências tentando valorizar seu capital humano, ou ainda das pessoas que buscam atender suas necessidades e desejos a partir de produtos muitas vezes encontrados apenas no mercado internacional tende a contribuir para o aumento dos fluxos de recursos financeiros.

Acredito que seja possível entender que todos os dias um fluxo muito grande de dinheiro circula pelo mundo e o que é mais estarrecedor, não necessariamente em espécie, afinal de contas cada vez mais o dinheiro tem se tornado uma moeda virtual.

Há pessoas que acreditam (eu sou uma dessas pessoas) que a maior parte do dinheiro disponível no mundo não se encontra mais como costumávamos encontrar até bem pouco tempo atrás, ou seja, moeda impressa.

Mas de que forma o fluxo de recursos financeiros está presente na vida das pessoas?

Vejamos alguns exemplos:

- **Investimento Estrangeiro Direto (IED):** com a globalização, empresas têm buscado oportunidades de investimento em mercados estrangeiros. Isso pode ser abrindo filiais, adquirindo empresas locais ou estabelecendo parcerias com organizações em outros países. Esse investimento contribui para o fluxo de recursos financeiros entre nações;
- **Transferências de Remessas:** com a globalização, um número significativo de pessoas trabalha em países diferentes de suas origens. Esses trabalhadores muitas vezes enviam dinheiro de volta para suas famílias e comunidades de origem, o que contribui para o aumento do fluxo de recursos internacionais;
- **Mercados Financeiros Globais:** a globalização permitiu o desenvolvimento de mercados financeiros globais altamente interconectados. Isso significa que o capital pode fluir rapidamente de um país para outro em busca de oportunidades de investimento ou para se proteger contra riscos;
- **Integração Financeira:** a globalização financeira possibilita a movimentação rápida de capitais entre países. Isso inclui investimentos em ações, títulos e moedas estrangeiras, bem como o acesso a empréstimos e financiamento internacional. No entanto, essa interconexão

financeira também pode tornar os países vulneráveis a crises econômicas globais.

- **Acesso a Mercados de Capitais:** empresas de diferentes partes do mundo podem acessar mercados de capitais em outros países para levantar fundos para expansão, inovação e desenvolvimento, só para citar alguns exemplos. Mas não foi só o fluxo de recurso financeiro que aumentou, houve também um aumento significativo do aumento do fluxo de pessoas se deslocando e contribuindo para esse processo, vamos falar um pouco mais sobre esse assunto a seguir.

9.2 FLUXO DE PESSOAS

Para entender o aumento de fluxo de pessoas pelo mundo é preciso necessariamente considerar duas possibilidades, primeiro o aumento do turismo, e o segundo motivo de expansão do fluxo de pessoas foi o aumento das possibilidades de migração.

Vejamos inicialmente essas duas possibilidades:

- **Turismo:** Cidades com potencial de receber turistas têm percebido um aumento significativo de novos visitantes diariamente, estima-se que esse número pode chegar a milhões de pessoas se deslocando todos os anos, independente dos interesses por trás desses deslocamentos. Com isso é possível que investimentos sejam feitos para a melhoria das acomodações, do transporte, entre outros, gerando assim lucros significativos advindos da produção de recursos ou mesmo da prestação de serviços;

- **Migração:** a globalização também promove a migração de pessoas em busca de oportunidades de emprego e qualidade de vida. Isso resulta em fluxos significativos de mão de obra entre países, com benefícios econômicos para algumas nações e desafios sociais para outras. Mas o fluxo de pessoas não se limita apenas aos aspectos econômicos, ela também promove a possibilidade do intercâmbio cultural.

- **Intercâmbio Cultural:** pode ser feito a partir da troca entre pessoas de nacionalidades diferentes e que geralmente se dá através da disseminação de filmes, música, alimentos e valores culturais de um país para outro. Isso não só contribui para o aumento do fluxo de pessoas através do mundo como também enriquece a diversidade cultural global.

Esses três exemplos são suficientes para que você possa refletir sobre como o fluxo de pessoas aumentou pelo mundo, mas é preciso abordar também o aumento do fluxo de informações e da tecnologia, talvez o que mais tenha gerado impactos significativos na vida das pessoas ao redor do mundo.

9.3 FLUXO DE INFORMAÇÃO E TECNOLOGIA

Se pensarmos na forma como a tecnologia e as ferramentas de comunicação evoluíram nos últimos anos é possível escrever um livro apenas sobre o tema, e não são poucos os autores que de alguma forma abordam o assunto dizendo que vivenciamos o que eles definem como a Era da Informação.

Se até bem pouco tempo estávamos restritos aos meios de comunicação escritos como, por exemplo, jornais e revistas além da televisão e do rádio, hoje é possível adicionar a esse time um aliado de peso, a internet.

Se antes a informação demorava dias, semanas e até mesmo meses para chegar ao seu destino, hoje vemos a história sendo escrita em tempo real, mas é preciso fazer um pequeno aparte aqui, infelizmente, mesmo com todos os avanços tecnológicos ainda temos uma situação que está longe do ideal.

O que vemos, na prática, inclusive nos grandes centros, é uma desigualdade e uma limitação que timidamente começa a tentar desaparecer.

Mas é um fato que a quantidade de informações, sobre os mais variados temas, circula ao redor do mundo com uma velocidade inimaginável, o que de certa forma faz com que as pessoas que porventura tenham acesso a esses dados possam aumentar cada vez mais esse fluxo, observe um exemplo de como isso acontece na prática:

- **Transferência de Tecnologia:** a globalização permite que o conhecimento e a tecnologia sejam compartilhados mais rapidamente entre países e pessoas e isso pode levar a melhorias na produtividade, na aquisição de conhecimento, no desenvolvimento de habilidades, e porque não dizer no aumento da qualidade de vida em todo o mundo.

9.4 FLUXO DE COMERCIALIZAÇÃO E TRANSPORTE

Por fim, todos os exemplos anteriores levam a uma constatação do que a globalização foi capaz de fazer com o comércio internacional, o que de certa forma acabou por impactar também a maneira como os produtos passaram a ser transportados.

Vejamos primeiramente um exemplo de como a globalização aumentou o fluxo da comercialização de produtos pelo mundo:

- **Comércio Internacional:** a globalização tem facilitado o comércio entre países. Barreiras comerciais foram reduzidas, facilitando a circulação de bens e serviços através das fronteiras. Isso levou a um aumento significativo no comércio internacional e, consequentemente, no fluxo de recursos financeiros entre países. Com isso foi necessária uma integração na cadeia de suprimentos para que fosse possível atender as novas demandas não mais apenas locais:
- **Integração de Cadeias de Suprimentos:** muitas empresas agora operam em cadeias de suprimentos globais, onde diferentes estágios de produção são realizados em vários países. Isso envolve a movimentação de recursos financeiros para financiar a produção, transporte e distribuição de bens em escala internacional.

Esses são apenas alguns exemplos do aumento do fluxo internacional por conta da globalização, todos os dias somos surpreendidos com novas possibilidades, novas tecnologias e novas formas de continuar contribuindo com esse crescimento que pelo menos a princípio parece apresentar mais pontos positivos do que negativos para o comércio internacional e todos os agentes envolvidos em seus processos.

Mas embora a globalização tenha trazido benefícios em termos de crescimento econômico e oportunidades de negócios, é sempre importante lembrar que ela também apresenta desafios, como desigualdade econômica, competição desigual e questões ambientais.

Portanto, é importante para os governos e organizações internacionais criar ferramentas que sejam capazes de gerenciar os efeitos da globalização para garantir um equilíbrio entre os benefícios e os potenciais riscos, e talvez esse ainda seja o maior desafio.

10 NEGOCIAÇÕES INTERNACIONAIS

Antes de iniciar esse capítulo, mesmo depois de tudo que foi dito até aqui, é importante que seja claro para você o conceito de negociação internacional, por isso me permito levantar esse questionamento: é claro esse conceito para você?

Acredito que mesmo a essa altura do livro é sempre bom resgatar conceitos, para que não restem dúvidas antes de avançarmos.

Negociação Internacional é o nome que se dá quando empresas de países diferentes estabelecem relações comerciais entre si.

Mas de que tipos de relações estamos efetivamente falando?

Podemos citar, como exemplo, a simples operação de compra e venda de produtos e serviços, como também o estabelecimento de parcerias estratégicas, fusões, aquisições e até o fornecimento de tecnologia.

Provavelmente você deve estar se perguntando se esse tipo de relacionamento exige habilidades específicas ou é possível conseguir bons resultados sem estudo, planejamento e preparação prévia, e eu te respondo:

"Por se tratar de um processo complexo que requer conhecimento de peculiaridades, muitas vezes, totalmente diferentes das que estamos acostumados, a reposta é não... não é possível (pelo menos para mim) conseguir bons resultados sem estudo, planejamento e preparação prévia".

Qualquer coisa diferente disso entra na conta da exceção e não da regra.

Muitas questões precisam ser consideradas quando se decide enveredar pelo fascinante mundo das negociações internacionais e assim desenvolver a capacidade de criar relacionamentos comerciais sólidos.

Acredito que já tenha ficado claro desde o início que o objetivo é alcançar bons resultados nos processos que envolvem negociações, por esse motivo ter um bom senso de compreensão e adaptabilidade acabam por se tornar qualidades essenciais na busca por transações comerciais fora de seu país de origem bem-sucedidas.

Questões como as diferenças econômicas entre os países envolvidos em uma negociação, cultura e até mesmo as práticas comerciais vigentes devem sempre estar na pauta de quem pretende se tornar um bom negociador internacional, mas falaremos um pouco mais sobre isso no capítulo 12.

10.1 BENEFÍCIOS DE UMA BOA NEGOCIAÇÃO INTERNACIONAL

Ter habilidade para negociar, ou mesmo negociar internacionalmente que é nosso foco central aqui, pode representar a diferença entre conseguir benefícios no processo ou não conseguir sequer resultados satisfatórios para seu resultado e consecutivamente os resultados da organização.

Conseguir estar a frente de seus oponentes pode representar a probabilidade de conseguir exclusividade ou ainda melhores condições na hora de fechar um negócio, mas você consegue pensar em situações reais de benefícios advindos de uma boa negociação internacional?

Vou citar alguns exemplos para te ajudar na reflexão:

- **Redução dos custos:** responda rápido, qual empresa não almeja encontrar formas de reduzir os seus custos sem perder qualidade e produtividade? Pois muito bem, uma boa negociação pode trazer excelentes resultados, por exemplo, na hora de fechar negócio com seu fornecedor de matéria-prima, e esse benefício pode ser tanto no que se refere a preço como também na questão de prazo de pagamento;
- **Redução dos riscos:** planejamento e pesquisa são os pontos iniciais antes da negociação ser iniciada e partindo desse princípio as chances de você estar muito mais bem preparado para o que vem a seguir levam a crer que seus resultados serão melhores, afinal você terá a oportunidade de conhecer, entre outras coisas, o histórico da pessoa ou da empresa com quem você está negociando. Ao mesmo tempo aumentam as chances de você conhecer também os pontos fortes e fracos do outro lado, dessa forma você não só tem a oportunidade de diminuir os riscos envolvidos no processo como também tem a oportunidade criar métodos robustos para se proteger caso identifique alguma ameaça possível;
- **Otimização dos recursos:** otimizar recursos é sem dúvida outro desafio enorme para qualquer organização, e essa questão acaba por se relacionar diretamente com a redução de custos, pois ao economizar em alguma parte do processo você aumenta a possibilidade de investimentos em outra parte, o que pode trazer como benefício melhores resultados não apenas em uma frente específica, mas em diversas frentes do negócio, o que pode trazer ainda um aumento na competitividade da empresa;

- **Aumento da competitividade:** se você parar para pensar e analisar com calma os três exemplos que utilizei para justificar minha afirmação de que uma boa negociação pode trazer benefícios, provavelmente você conseguirá perceber que todas elas acabam por apontar para o aumento da competitividade, mas não se iluda, muitas pessoas podem dizer que a soma desses fatores parece mais utopia do que uma possibilidade real.

Por outro lado, se você acredita que tudo que foi abordado nesses tópicos é possível de realizar, provavelmente o resultado trará não só o crescimento da empresa como também uma diferenciação frente aos seus concorrentes o que convenhamos não é uma ideia ruim não é mesmo?

Mas, na prática, como planejar o processo de negociação internacional em uma cultura como a nossa que não privilegia nem incentiva na grande maioria das vezes o processo de planejar antes de executar?

A seguir vou sugerir alguns passos.

10.2 PLANEJANDO A NEGOCIAÇÃO INTERNACIONAL

Antes de qualquer coisa é preciso relembrar que negociar internacionalmente exige que você tenha em mente que desafios únicos serão apresentados e que por esse motivo planejar e decidir muito bem qual o caminho a seguir (estratégia) antes de dar os primeiros passos são fundamentais.

Para cada passo sugerido a seguir é importante que haja uma clareza de questões importantes para o resultado do processo como, por exemplo, quem é, como se comportam e onde estão as pessoas que eu preciso identificar como meu público-alvo, ou ainda o quanto estou familiarizado com as questões referentes à legislação tributária do país onde me encontro, isso só para citar dois exemplos.

A essa altura você já deve ter percebido que é bem possível que surjam adversidades no meio do caminho, e quanto mais preparado você estiver para elas, maiores serão suas chances de contorná-las com rapidez.

Lembre-se, você estará fora de sua cultura, provavelmente estará se comunicando em outro idioma e entender e aceitar que ações diferentes precisam ser adotadas pode ser um bom começo para conseguir elaborar um planejamento de negociação internacional eficiente.

Como dito no início desse capítulo, separei algumas dicas que poderão te ajudar nesse intento, mas para efeito de auxílio no processo de reflexão vou elencar cada uma delas na forma de perguntas para que assim você se veja forçado não somente a ler as sugestões, mas efetivamente refletir sobre cada uma delas.

10.2.1 Você sabe o que está procurando?

Essa pergunta tem um único objetivo, saber se é claro para você onde se pretende chegar, em outras palavras, quais são os objetivos e resultados que se pretende alcançar com a negociação que está por vir.

Estabelecer metas e objetivos verdadeiramente alcançáveis é o primeiro passo, mas nem sempre é fácil fazer isso, afinal de contas é a partir do planejamento (já falei que não fomos incentivados a praticar o planejamento ao longo de nossa vida?) que conseguimos enxergar com clareza quais recursos dispomos e assim definir onde pretendemos chegar e como faremos isso efetivamente.

Eu sempre conto para os meus alunos aquela passagem do desenho "Alice no país das maravilhas" quando a protagonista está fugindo da Rainha de Copas e encontra o Gato de Cheshire e acontece o diálogo que reproduzo com minhas próprias palavras a seguir:

> Alice: Como eu faço para fugir daqui?
>
> Gato de Cheshire: Para onde você quer ir?
>
> Alice: Eu estou fugindo da Rainha de Copas, então qualquer lugar serve.
>
> Gato de Cheshire: Se você quer ir para qualquer lugar, que diferença faz o caminho? Siga qualquer um.

Eu acho essa sequência sensacional para exemplificar a necessidade de você saber onde deseja chegar, e o que está procurando, antes de decidir por qual caminho seguir.

Resumindo, nunca tome decisões com base no achismo ou sem a utilização de indicadores que possam te apresentar possibilidades confiáveis de êxito no resultado após a escolha.

10.2.2 Você estudou o novo mercado e os novos clientes?

Um erro clássico que muitas pessoas e muitas empresas cometem é não pesquisar sobre o novo mercado e consecutivamente sobre os novos clientes que podem vir por intermédio dele.

Não há, em minha modesta opinião, a menor possibilidade de você alcançar bons resultados em uma negociação internacional se você não estiver a par de questões relacionadas a cultura local, aos costumes, de como o mercado se comporta em situações específicas, enfim, se você não estiver familiarizado com as especificidades locais do mercado onde você pretende ingressar.

Imagine você tendo que negociar em um país onde a cultura local tem costumes diferentes na forma de tratar homens e mulheres?

Não estou aqui levantando bandeira nem iniciando uma discussão sobre gênero, estou falando sobre cultura e sobre as maneiras que as práticas de negociação devem ser conduzidas.

Outra pergunta importante a ser feita, será que as preferências ou as necessidades que levantei e observei em meu país serão as mesmas no país onde estou iniciando um novo negócio?

Eu sou de São Paulo e posso afirmar sem medo de errar que se você mudar de região dentro do próprio estado é bem provável que você encontre diferenças nas necessidades e desejos das pessoas, imagine se expandirmos essa reflexão para um estado ou país vizinho ou ainda para outro continente.

Observe que todos esses questionamentos têm como objetivo fazer com que você pense em como aumentar as possibilidades de sucesso em uma negociação internacional, e quanto mais você se aprofundar, quanto mais informações a respeito da cultura e dos costumes locais você conseguir maiores serão suas chances de êxito.

Claro que somente isso não é suficiente, mas acredite, é um excelente começo, afinal entrar em um novo mercado ignorando questões como as levantadas aqui, certamente farão você diminuir (e muito) suas chances de sucesso, lembre-se sempre que quanto maior a quantidade de indicadores melhores serão os resultados obtidos após as decisões serem tomadas.

10.2.3 Existem potenciais parceiros para o seu negócio?

A primeira coisa a se pensar nesse quesito é: quem serão meus parceiros de negócio? Quem serão meus fornecedores? Quais empresas operam com logística e que podem me auxiliar nessa etapa do processo?

Aqui também será preciso fazer um trabalho de investigação e planejamento, afinal de contas você precisará negociar com esses parceiros também.

Um ponto importante e que merece ser pensado com carinho nessa etapa é o quanto esses parceiros são realmente confiáveis, por isso estar atento a reputação parece ser um bom ponto de partida.

Esse pode ser apenas o ponto de partida, mas que pode criar laços duradouros para essa nova parceria, e não se esqueça de colocar na balança também outro ponto que julgo igualmente importante, a credibilidade desses parceiros frente ao mercado em que atuam.

Quase ia me esquecendo, aproveite para verificar também como esses parceiros se comportam em relação às questões relativas ao cumprimento de normas, da legislação vigente, além do comprometimento em relação a prazos e pagamentos, ou seja, tente obter informações que mostrem como anda a saúde financeira, e talvez a melhor maneira de conseguir levantar esses dados seja avaliando seu histórico recente, muitas vezes essas informações estão disponíveis e são facilmente acessadas.

10.2.4 Você identificou oportunidades?

Já faz um tempo que olhar apenas para dentro e confiar em suas potencialidades deixou de ser uma estratégia confiável e a única a ser seguida, e lembrar que é o mercado quem dita a regra do jogo pode te livrar de problemas que podem muito bem ser evitados.

O mercado, independente do país, é cada vez mais dinâmico e incerto, não estar atento as suas particularidades e tendências pode ser também um erro.

Particularmente gosto mesmo da ideia de buscar indicadores e colocá-los em um gráfico antes de tomar decisões, funciona bem para mim, e convenhamos analisar um gráfico facilita muito, pois o processo visual fica mais claro.

Procure saber como o mercado se comportou em um período passado, mas trace um período que seja suficiente para que sua análise seja minimamente confiável.

Olhando os resultados graficamente você tem condições não só de ver a situação passada real como também tem a possibilidade de analisar as tendências frente a estimativas que são possíveis de serem feitas com base nos resultados encontrados.

Não se esqueça de continuar focando no consumidor final, nas novas demandas que eventualmente surgirão ou ainda será modificada por causa de novos fatos que possam surgir, lembre-se, necessidades e desejos são sentimentos transitórios.

Os indicadores podem te ajudar até a verificar quais produtos estão crescendo na preferência dos consumidores, quais estão deixando de ser adquiridos, quais os serviços mais procurados, os mais necessários devido a falta de mão de obra especializada para executá-lo, além de oportunidades que ainda não foram sequer pensadas, mas que podem surgir em breve e dessa forma você pode estar a frente de seus concorrentes e assim aumentar seu poder de barganha nas negociações.

Tudo isso se bem-feito pode dar a você uma coisa que muitas empresas nem sequer imaginam que podem ter, além de tempo para ajustar suas estratégias frente à necessidade de respostas cada vez mais rápidas.

Para finalizar deixo aqui mais uma dica importante, pesquise sobre as questões legais e tributárias, mas sobre isso falaremos melhor no capítulo 12.

No capítulo a seguir falaremos sobre uma peça fundamental no processo de negociação, seja ela local ou em âmbito internacional, o profissional responsável por fazer o resultado acontecer, aquele que de certa forma precisa estar atento a tudo que foi falado até o momento, o negociador internacional.

11 O NEGOCIADOR INTERNACIONAL

O mundo globalizado parece ter derrubado de vez as fronteiras para diversas atuações profissionais, a de negociador certamente se encaixa nessa afirmação.

Dessa forma surge cada vez mais a necessidade de encontrar profissionais que sejam capazes de conduzir negociações em âmbito global, o que faz com que novas competências passem a ser exigidas e valorizadas.

Mas se engana quem acredita que apenas falar outro idioma é suficiente para se sobressair como negociador internacional em um mundo cada vez mais aberto ao comércio internacional, outras habilidades e conhecimentos são extremamente necessários se você quiser ser referência nessa área.

Capacitação talvez seja a palavra que melhor define o momento profissional que vivemos, e não estou falando apenas de negociação internacional ou negociadores, cada vez mais o mercado de trabalho tem buscado por profissionais capazes de dar respostas às demandas que surgem cada vez mais rápidas e que exigem soluções igualmente rápidas.

Entender isso pode ser a diferença entre ser manter empregável ou não, afinal sabemos que cada vez mais o cerco em torno do emprego formal se fecha e com isso somos forçados a buscar alternativas que possam nos manter vivos no jogo.

A essa altura do livro você já deve ter percebido que para atuar como negociador é necessário estar aberto a novos conhecimentos e a reciclagem de outros que talvez não estejam sendo utilizados de maneira eficiente, particularmente encontro pessoas assim todo semestre em sala de aula e confesso que ainda acredito que o banco da universidade seja um excelente lugar para o desenvolvimento individual e coletivo.

Particularmente enxergo grandes possibilidades para quem deseja atuar globalmente, não necessariamente como negociador, mas em qualquer área de atuação comercial, porém é necessário fazer algumas reflexões sobre pontos que considero críticos na formação básica brasileira.

Primeiramente é preciso lembrar que não fomos preparados para aprender e muito menos gostar de outro idioma. Quando penso na minha formação me recordo do quanto o aprendizado de outro idioma poderia ter sido diferente, o quanto poderíamos ter sido incentivados a realmente aprender, mas com um propósito apontando para o futuro profissional.

Quando ouço ainda hoje pessoas perguntando "por que preciso aprender Inglês se na minha empresa não vou utilizar" fica claro para mim o quanto precisamos abrir a mente para uma realidade que está na nossa cara, mas que muitas pessoas insistem em não enxergar, o conhecimento em outro idioma é para você.

Enquanto isso muitas empresas decidem todos os dias buscar novos mercados além das fronteiras do país e dessa forma surge a necessidade de pessoas que consigam dar conta das novas demandas internacionais que surgem, seja na área de logística, de marketing, finanças, só para citar algumas, e a necessidade de pessoas que atuem negociando fora de seu país de origem é cada vez mais necessário.

Talvez você esteja se perguntando como o negociador internacional pode ser chamado a atuar nos departamentos que citei, então vou dar alguns exemplos para facilitar o seu entendimento.

Ele pode ser chamado para negociar preços e prazos com fornecedores, custos operacionais envolvidos no processo de produção, fretes, tributos, seguros, enfim, existe uma infinidade de possibilidades onde esse profissional precisará estar presente.

Mas que tipos de conhecimentos o negociador internacional precisa ter para atuar nesse mercado?

Eu diria que conhecimentos técnicos, comportamentais, enfim, competências que detalharemos melhor a seguir para tentar ajudar quem eventualmente se interessar por essa área.

11.1 NEGOCIADOR INTERNACIONAL, GENERALISTA OU ESPECIALISTA?

Essa talvez seja a pergunta que eu mais escuto em sala de aula, e com o negociador internacional não é diferente, afinal de contas esse profissional precisa ser generalista como o mercado afirma ou devido às especificidades da função é melhor que ele seja um especialista?

Para Nosé Júnior (2005, p. 248) ele deverá ser as duas coisas, pois irá se deparar com situações em que será de suma importância saber atuar em várias frentes diferentes, e muitas vezes ao mesmo tempo.

Para ser sincero não acho que exista uma resposta correta para a pergunta, para mim funcionou muito bem ser generalista ao longo da minha carreira, mas conheci pessoas que conseguiram construir uma trajetória bastante interessante sendo especialista nas áreas que escolheram.

Voltando para o negociador internacional a verdade é que para esse profissional ser generalista pode representar a diferença entre ser um bom profissional e ser um profissional acima da média, pois entre outras coisas ele com certeza terá que:

- Desenvolver uma cultura que vá além do trivial, em outras palavras é importante que ele desenvolva uma cultura abrangente;
- Entender que falar inglês não é mais diferencial e que adquirir fluência nos idiomas mais importantes do mercado pode fazer muita diferença;
- Estar sempre aberto a novos conhecimentos e atento a questões relacionadas a geopolítica, economia local, regional e mundial, relações internacionais, mercado, países e região onde atuará, marketing internacional além de ser ativo, dinâmico, equilibrado e ter bom senso (Nosé Júnior, 2005).

Mas não é só isso, Lima Netto (2005) vai além e enumera uma série de habilidades comportamentais igualmente importantes e que também devem ser observadas atentamente por quem almeja ser negociador internacional, observe:

- Apesar de saber se comunicar ser uma competência bastante necessária a qualquer pessoa que deseja se tornar um negociador internacional, saber ouvir mais do que falar pode representar um caminho interessante para conseguir êxito em negociações internacionais;
- Outra habilidade a ser desenvolvida é a capacidade de prestar atenção para interpretar a comunicação verbal e corporal da pessoa com que se está negociando, essa percepção aguçada pode ajudar a definir as suas estratégias;
- Desenvolver a capacidade de fazer com que seu interlocutor forneça mais informações do que seja capaz de conseguir isso de você é fundamental, e uma maneira bastante eficiente de conseguir isso é fazendo mais perguntas do que respondendo a ele;

- Seja paciente, você não precisa passar todas as informações logo de cara, tenha sempre uma carta na manga e aprender a utilizar corretamente as informações que dispõe também pode ajudar bastante;
- Não seja confiante demais, isso pode atrapalhar. Quanto mais informações a respeito de quem é, o que faz e como se comporta a pessoa que estará do outro lado da mesa negociando com você, provavelmente você obterá vantagens, principalmente se essa pessoa não fizer o mesmo a seu respeito.

Eu poderia continuar enumerando competências técnicas e comportamentais que acredito ser extremamente importantes ao portfólio de um bom negociador, mas acredito que ficou bastante claro que quanto mais você estudar, quanto mais você se especializar e quanto mais você focar nas competências necessárias melhor será o resultado alcançado por você.

Mas talvez a essa altura você ainda se pergunte se a habilidade para negociar é algo nato ou é uma habilidade que pode ser construída, e essa pergunta continua sendo pertinente afinal o livro trata em diversos momentos do assunto e do modo a alcançar as pessoas que não necessariamente se sentem capazes de se sentar a mesa com outra pessoa para negociar.

Para Thompson (2009) a habilidade para negociar é algo que pode ser aprendido e desenvolvido desde que haja dedicação e estudo, eu particularmente tendo a concordar com o autor mesmo havendo uma crença por parte de algumas pessoas que a habilidade de negociar é um privilégio que já nasce com a pessoa como falamos lá no início.

O autor afirma que negociadores natos são raros e que a maioria dos profissionais que atingiram um nível de excelência na arte de negociar conseguiu isso ao longo do tempo e a partir do aprendizado adquirido por conta de suas experiências particulares.

Thompson (2009, p. 9) faz um comentário bastante pertinente e que merece ser olhado com carinho quando se aborda o tema que é o fato que a grande maioria das pessoas não tem ao longo de suas carreiras a oportunidade de desenvolver a habilidade de negociar a partir da utilização de ferramentas ou de aprendizado adequado, a maioria aprende no dia a dia, fazendo.

Ele complementa com algo que venho falando a algum tempo, desde que começou, principalmente pelas redes sociais, uma discussão a respeito da importância ou não do diploma que é a questão da experiência. Para o autor ela é importante sim e bastante útil, mas não é o suficiente.

Muitos executivos não são bons negociadores porque ignoram o fato de que é preciso se dedicar para tal, grosso modo a tendência a ser observada é que o negociador que se preparou adequadamente leve vantagem no final das contas sobre o negociador nato (Lima Netto, 2005).

11.2 HABILIDADE DE SE COMUNICAR EM OUTRAS LÍNGUAS

Já faz tempo que falar inglês deixou de ser um diferencial no mercado de trabalho brasileiro como já foi comentado em capítulos anteriores, e eu diria que conseguir se comunicar no idioma norte-americano é um requisito básico, diferencial nos dias de hoje para mim passa por saber se comunicar em outros idiomas além do Inglês.

Você pode até estar achando que estou sendo exigente demais com relação a falar outro idioma, mas acredite, o mercado está cada vez mais acirrado e competitivo e achar que porque concluiu a graduação ou consegue se comunicar em inglês é o suficiente pode te deixar em desvantagem frente a outras pessoas mais qualificadas.

E sejamos francos, não há mais desculpas para iniciar o aprendizado de um novo idioma, a tecnologia é uma grande aliada nesse sentido a ponto de disponibilizar diferentes possibilidades de aprendizado que certamente atenderão sua necessidade.

Você pode aprender com áudio, vídeos, aplicativos específicos além dos métodos tradicionais, ou seja, existe uma vasta possibilidade de ofertas, muitas delas certamente se adaptam a sua rotina.

Mas não será uma tarefa simples, eu não acredito em resultados sem investimento, comprometimento, por isso eu fujo das ofertas que apresentam resultados milagrosos em curto período, prefiro acreditar que meu envolvimento será o responsável pelos resultados que alcançarei.

Agora pensando na atuação como negociador propriamente dito, imagine duas situações: a) negociar em um país estrangeiro se comunicando na língua universal ou ainda na língua oficial do país; b) negociar em um país estrangeiro dependendo o tempo todo de um tradutor.

Certamente as possibilidades de sucesso, pelo menos para mim, passam necessariamente por entender tudo que está acontecendo, mas é claro que nem sempre você conseguirá se comunicar no idioma local a não ser que você seja poliglota e mesmo assim nem sempre você terá domínio no idioma local, de qualquer forma fica aqui minha sugestão.

11.3 CONHECIMENTOS EM MARKETING INTERNACIONAL

Com o processo de internacionalização das empresas muitas áreas precisaram expandir sua atuação para além das fronteiras do país e o marketing foi uma delas.

A concorrência entre as empresas deixou de ser apenas local e passou a ser global, da mesma forma que a relação com fornecedores e clientes o que fez com que o marketing precisasse ser pensado de maneira muito mais abrangente.

O avanço no campo tecnológico que fez com que as interações não precisassem mais ser feitas no campo físico facilitou as transações comerciais e talvez tenha sido o sinal de alerta para as empresas que pensavam em expandir seus negócios internacionalmente.

Claro que ter conhecimento sobre marketing ajuda e, na verdade, é apenas o pontapé inicial na vida do negociador internacional, porém, é preciso ter em mente que no caso do marketing internacional, apesar dos objetivos serem os mesmos em qualquer lugar do globo terrestre, nessa modalidade além dos desafios se apresentarem igualmente maiores, eles são muito mais complexos.

Sendo assim, a primeira coisa que um bom negociador internacional deve ter em mente é que não basta pegar a receita de bolo pronta do marketing local e tentar replicar no novo mercado de atuação, será preciso que tanto a empresa quanto as pessoas que nela atuam entendam que será necessário se adaptar a realidade local.

Na internacionalização do negócio ou mesmo do produto é necessário ter em mente que tanto o planejamento, a produção e até mesmo as estratégias de marketing precisarão ser adaptadas para que assim seja possível continuar criando valor ao público-alvo.

Para ser um pouco mais claro precisarei definir o *mix* de marketing, ou o composto mercadológico, afinal de contas nem todos os leitores desse livro têm necessariamente o entendimento dos conceitos relativos ao composto mercadológico, o famoso "4 P's de Marketing", e para me auxiliar nesse ponto utilizarei a maior referência no assunto, Philip Kotler.

Kotler e Keller (2012, p. 3) lembram inicialmente que "o marketing envolve a identificação e a satisfação de necessidades humanas e sociais", dessa forma é sempre importante lembrar que o papel do marketing é entender para atender essas necessidades.

Inicialmente é preciso retomar a classificação de McCarthy; Perreault (2002) para as várias atividades de marketing que foram denominadas produto, preço, praça (que pode ser entendida como ponto de venda ou distribuição) e promoção (Kotler; Keller, 2012, p. 23).

Os quatro P's referem-se às iniciais das palavras *product, price, place e promotion* em inglês respectivamente.

Mas os autores lembram que em virtude da abrangência, amplitude e complexidade do marketing moderno, outros P's precisam ser incorporados, são eles: pessoas, processos, programas e *performance*.

Agora que o composto mercadológico não é mais algo totalmente desconhecido é possível fechar o raciocínio quanto à importância de o negociador internacional ter conhecimentos sobre marketing internacional.

Eu dizia da importância de saber que ao atuar em um mercado internacional tanto a empresa quanto as pessoas precisarão adaptar o planejamento, a produção e até mesmo as estratégias de marketing. Bom, no que se refere às estratégias de marketing a adaptação se dará necessariamente em seu composto mercadológico.

Não importa se você atua dentro ou fora de seu país, para se manter competitivo é fundamental para o negócio e para o alcance dos objetivos organizacionais estar sempre atento ao composto mercadológico e nesse contexto o marketing tem papel importante por isso julguei ser pertinente sempre falar sobre ele.

11.4 CONHECIMENTOS EM FINANÇAS INTERNACIONAIS

Outro ponto importante que o negociador internacional precisa entender é a necessidade de desenvolver competências que o habilite a abordar com o mínimo de entendimento as questões relacionadas a finanças internacionais.

Mas para seguirmos é preciso que esteja claro para você que finanças fazem parte do ramo da economia que cuida da administração do dinheiro.

A globalização também foi responsável por um fenômeno que trouxe a tona a livre circulação de moeda e junto com esse fenômeno aconteceu também a interrupção diversas restrições antes existentes como, por exemplo, restrições tributárias.

Mercado de câmbio e suas taxas e política monetária e fiscal são apenas dois exemplos de assuntos que julgo importantes para um negociador internacional nessa temática, por isso falarei um pouco mais sobre cada um deles a seguir.

11.4.1 Mercado de câmbio

É bem provável que você já tenha ouvido falar sobre mercado de câmbio, na televisão, na internet ou até mesmo já tenha lido algo sobre o tema, mas você sabe do que se trata?

E por que será que é tão importante que o negociador internacional desenvolva conhecimentos sobre o assunto?

Porque é no mercado de câmbio que acontecem as transações de compra e venda de moeda estrangeira, e o simples fato de existir um processo em que tem alguém vendendo e alguém querendo ou precisando comprar já fica claro a necessidade de se desenvolver competências específicas sobre o assunto, e como já foi falado, quanto mais informações você tiver sobre determinado assunto, maior a chance de conseguir um bom resultado.

O mercado de câmbio permite que transações sejam feitas além das fronteiras, em outras palavras é como se fosse um mercado monetário em nível global e possui dois segmentos distintos:

- **Primário:** onde são realizadas entradas e saídas de moedas estrangeiras e essas ações podem ser feitas por importadores, exportadores ou ainda por turistas;
- **Secundário:** nesse caso as ações são feitas apenas por bancos autorizados pelo Banco Central para realizar as ações de câmbio, ou seja, a operar com o câmbio.

No mercado cambial as transações acontecem na forma de troca, ou seja, para você conseguir comprar uma moeda específica é necessário que você entregue outra.

O Banco Central é o responsável pela regulamentação das transações com moeda estrangeira no país, e como o câmbio sofre variações (flutuações de câmbio) é bastante comum a prática de negociação direta, mas lembre-se, mesmo o mercado adotando taxas cambiais flutuantes, qualquer negociação envolvendo dinheiro estrangeiro que não passe pelo Banco Central é considerada prática ilegal.

É importante que o negociador internacional não só entenda esses conceitos como também se aprofunde no entendimento das diferentes taxas de câmbio utilizadas, por exemplo:

- **Taxa de câmbio fixa:** quase sempre definida por alguma autoridade monetária local. Na prática, o que ele faz é fixar o valor da moeda do país em comparação as moedas estrangeiras. Dessa forma a taxa de câmbio permanece estável e dentro de uma margem predefinida;
- **Taxa de câmbio flutuante:** diferente da taxa de câmbio fixa, o que define a taxa de câmbio nesse sistema é a relação entre oferta e demanda. São diversos os motivos que podem fazer a variação no câmbio acontecer como, por exemplo, a taxa de juros, a inflação, as políticas econômicas e até o próprio comércio internacional de cada país.

Como todo e qualquer sistema apresenta prós e contras, se, por um lado, as taxas de câmbio flutuantes permitem ajustes mais rápidos às condições econômicas de momento, por outro lado, podem aumentar a volatilidade, em outras palavras podem trazer oscilações no preço das moedas estrangeiras.

É importante que o negociador internacional tenha em mente que riscos cambiais podem acontecer durante o processo, e esses riscos são ligados à volatilidade das taxas de câmbio, o que pode trazer impactos negativos para a empresa (prejuízos, por exemplo), principalmente naquelas que dependem da importação ou exportação, percebe agora por que é importante que o negociador internacional esteja conectado com esses assuntos?

11.4.2 Política monetária e fiscal

De maneira bem simples e bastante superficial podemos entender a política fiscal como o planejamento orçamentário do Estado, enquanto a política monetária é o controle de oferta da moeda a partir de medidas que são adotadas pelo governo de acordo com os interesses econômicos de um país.

Enquanto a política fiscal tem a ver com as decisões que o governo toma no que se refere aos gastos públicos e arrecadação de impostos só para citar dois exemplos, a política monetária tem a ver com as ações que o Banco Central toma com o objetivo de controlar a oferta de moeda no mercado a fim de gerar impacto nas taxas de juros.

A política fiscal tem ainda o poder de impactar as taxas de câmbio e isso é notado quando acontecem alterações nos impostos cobrados, caso isso aconteça é possível que haja como consequência uma diminuição na confiança dos investidores que de quebra poderia afetar o valor da moeda.

Já no caso da política monetária as taxas de câmbio podem ser afetadas e dependendo do rumo que essas ações tomem (taxas para cima ou para baixo) é possível tanto atrair como afetar investidores estrangeiros.

Como citei, no início desse tópico, não é minha intenção me aprofundar nos conceitos da política monetária e fiscal e sim trazer para reflexão o quanto esses dois temas são relevantes e precisam ser estudados pelo negociador internacional, afinal, como também já vimos, ao entrar para o mundo da negociação fora de seu país, é bem provável que em algum momento esses assuntos sejam colocados na mesa de negociação e ter pelo menos uma noção do que se trata pode ajudar bastante na hora de definir estratégias e tomar decisões.

11.5 CONHECIMENTOS EM CONTABILIDADE INTERNACIONAL

Particularmente acredito que contabilidade deveria ser ensinada em todos os cursos de gestão, infelizmente isso não acontece na prática.

Apesar de ser Bacharel em Administração só fui perceber a importância da contabilidade muitos anos depois, quando já atuava como docente, e cada vez mais me convenço que os princípios contábeis são importantes demais para ficarem de fora de qualquer matriz curricular onde gestão e negócios seja o foco central.

No caso de empresas que atuam no exterior então nem precisa se esforçar muito para entender que essa necessidade também se faz presente, e no caso negociador internacional entendo ser importante pensar na contabilidade na hora de definir competências importantes, ou até mesmo essenciais, para esse profissional.

De maneira simples e objetiva a contabilidade internacional nada mais é do que o conjunto de normas e regras contábeis preestabelecidas e por esse motivo devem ser seguidas pelos países.

É importante frisar que esse conjunto de normas e regras não são meras sugestões, elas devem ser obrigatoriamente seguidas, por isso o fato de incluir esse tema nesse capítulo, por entender que o negociador internacional, por ser linha de frente em situações que fatalmente terão alguma implicação contábil, precisa ter o conhecimento mínimo necessário na hora de participar do processo.

O principal objetivo da contabilidade internacional é aprimorar os relatórios recebidos dos países garantindo assim transparência e uniformização dos processos, mas sempre respeitando as especificidades de cada país.

Padronizando as normas e validando os processos para quer todos os países atuem da mesma forma, mesmo que haja tributos ou impostos que necessitem ser pagos mesmo que de maneiras diferentes, as informações acabam sendo integradas e mais fáceis de ser controladas, um exemplo disso é a legislação tributária.

Em outras palavras, nas normas contábeis internacionais é fundamental que os relatórios e demonstrativos gerados sejam de fácil entendimento e uma maneira de conseguir esse fim é padronizando-os.

Para facilitar seu entendimento utilizarei um exemplo que já venho falando ao longo desse livro, a necessidade de que o negociador internacional tenha a capacidade de se comunicar em outros idiomas, se ele não conseguir se adaptar ao idioma local ou pelo menos padronizar sua comunicação utilizando um idioma padrão, a comunicação provavelmente será dificultada e impactará no resultado final.

Resumindo, empresas que operam com negociações internacionais precisam padronizar sua linguagem tanto no processo de negociação como também nas operações que vierem a seguir adotando assim um único tipo de abordagem, tornando o processo mais transparente e confiável.

Quanto ao profissional da negociação internacional, sem querer ser repetitivo, conhecer os processos que envolvem as transações que acontecem fora de seu país de origem, certamente somará pontos positivos que em algum momento poderá ser utilizado a seu favor no processo de negociação.

12 ASPECTOS QUE INFLUENCIAM NA NEGOCIAÇÃO INTERNACIONAL

Ao longo desse livro enumerei em diversos momentos situações que podem ajudar ou atrapalhar uma negociação, sejam situações que podem ser controladas como, por exemplo, a falta de alguma competência ou habilidade específica, ou ainda situações que não estão sob o nosso controle como, por exemplo, alguma alteração no cenário econômico do país onde estamos atuando.

Depois de ler novamente tudo que havia escrito até esse ponto percebi que era necessário incluir um capítulo onde esses exemplos fossem explorados um pouco mais a fundo e de uma maneira que alguns pontos específicos fossem considerados.

Olhar para as diferenças me parece ser um bom começo, afinal a globalização aproximou as pessoas, mas também deixou mais perceptível as diferenças que existem entre elas.

Mas se pararmos para pensar um pouquinho mais a respeito desse assunto, com certeza perceberemos que não são apenas as diferenças pessoais que devem ser consideradas, costumes, crenças, visões de mundo, entre outras centenas de possibilidades precisam ser consideradas também, afinal negociação nada mais é do que uma maneira de interação entre pessoas, e no caso específico desse livro, entre pessoas de diferentes países.

Olhar para pessoas diferentes e tentar entender como elas enxergam os pontos que listei no parágrafo anterior podem ajudar no entendimento de como agir, do que fazer e porque não dizer, do que não fazer no momento de uma negociação internacional.

Frases do tipo "estou em um voo cego, mas eu me garanto" podem não dar muito certo quando se trata de negociar fora de sua zona de conforto, aliás, pode ser um erro com consequências irreparáveis dependendo das características do povo com quem você está negociando, falaremos melhor sobre isso no capítulo 13.

Se o objetivo é, e desde o começo tentei deixar isso claro, obter sucesso em possíveis acordos comerciais, entender questões que muitas vezes são extremamente delicadas, podem aumentar as chances de sucesso.

Por esse motivo decidi falar especificamente de alguns aspectos que julgo importantes e que por esse motivo merecem ser mais bem explorados, pois fazem parte da história e da realidade de qualquer povo, por isso não importa onde você esteja exercendo o papel de negociador internacional, tampouco por qual empresa você esteja exercendo essa função, fatalmente em algum momento do processo você irá se deparar, ao mesmo tempo ou não, com alguns ou com todos os aspectos a seguir.

12.1 ASPECTOS ECONÔMICOS

Conseguir sobreviver em um ambiente cada vez mais dinâmico e cada vez mais incerto parece ser o grande desafio das organizações do século XXI como já abordei, e quando essa necessidade acontece fora de seu país de origem os desafios parecem ser maiores ainda.

Ao longo de meus mais de quinze anos atuando como docente venho falando a cada novo semestre da obrigação das empresas entenderem a necessidade de se estabelecer sob bases sólidas, e que isso só vai acontecer quando elas entenderem de uma vez por todas a importância do planejamento, coisa que infelizmente ainda não acontece como eu acho que deveria acontecer.

Para o negociador internacional não é diferente, pois entender os aspectos específicos de cada povo pode ajudar a melhorar a tomada de decisão em todos os sentidos, inclusive em uma negociação.

Com a globalização da economia o que pode se observar foi um aumento significativo de países em diferentes estágios de desenvolvimento procurando seu espaço na busca de uma melhoria em seus resultados, em outras palavras, o que esses países estão buscando é uma forma de aumentar sua competitividade em um mercado cada vez mais acirrado.

Não há como ignorar que com a globalização os modelos econômicos tornaram-se muito mais do que apenas projetos que visavam algum tipo de transação comercial, em muitos casos o que se viu foi o surgimento de transações comerciais que serviram como base para algo maior que em alguns casos chegou a se apresentar como pilares importantes na política externa entre os parceiros.

Se olharmos para o que acontece aqui do nosso lado, por exemplo, no MERCOSUL, as relações entre Brasil e Argentina pode ser um bom exemplo sobre o que acabei de dizer.

O negociador internacional precisa ir muito além das questões mais obvias quando se vê envolvido em um processo de negociação, e estar atualizado pode ser o diferencial entre conseguir ou não bons resultados na busca por parcerias comerciais sólidas e de sucesso.

Durante muito tempo e até bem pouco tempo a preocupação era com a própria economia, pouco se via ou ouvia sobre olhares para a economia alheia tornando assim a economia relativamente fechada em muitos países para o mercado externo (Martinelli; Almeida, 2009).

Ainda segundo os autores grande parte desse problema se dava, principalmente, por causa da falta de comunicação e transporte eficiente, coisas que hoje estão praticamente superadas.

Dessa forma observamos uma abertura do mercado é cada vez maior e mais presente como é possível constatar todos os dias, e se você fizer uma busca rápida pela internet o resultado certamente apresentará dados suficientes para validar o que estou afirmando aqui.

Nos últimos anos houve um aumento significativo nas transações ao redor do mundo o que fez com que tanto as empresas como as pessoas que as representam em negociações internacionais precisassem ampliar seu campo de visão para outros pontos antes deixados de lado, a economia parece ser um bom exemplo de um aspecto que atualmente está longe de ser ignorada.

É possível citar três pontos essenciais para justificar o aumento que se observa hoje nas negociações internacionais, o primeiro deles é a própria globalização da economia, o segundo fator é o aumento dos investimentos no exterior, fruto da própria globalização e por fim a possibilidade da ampliação de acordos comerciais em nível internacional, ou seja, a globalização aumentou e muito as possibilidades, mas fez com que o olhar para as economias ao redor do mundo precisasse ser repensado.

12.2 ASPECTOS LOGÍSTICOS

Em um mundo globalizado onde cada vez mais as pessoas têm acesso a produtos e serviços dos quatro cantos do mundo uma pergunta sempre será importante antes de finalizar uma compra: "Será que receberei meu produto no prazo e nas condições que adquiri?".

Para responder essas questões surge a necessidade de entender se os aspectos logísticos do parceiro comercial poderão atender as necessidades e desejos dos clientes que não estão próximos garantindo que a resposta a pergunta acima seja "SIM", você receberá seu produto dentro do prazo e nas condições em que fez o pedido.

É aí que entra a logística internacional que tem por objetivo ajudar as empresas que desejam atuar globalmente a expandirem seus negócios com qualidade e segurança.

Pense comigo, um processo logístico internacional eficiente não só garantirá a satisfação de seus clientes como poderá ser usada como ferramenta estratégica no que se refere a ter ou não um diferencial frente aos concorrentes.

Mas será que o negociador internacional precisa entender até mesmo de logística?

Eu acredito que é fundamental ter uma visão o mais abrangente possível, afinal de contas ele pode ter que negociar com um fornecedor de matéria-prima e o processo logístico dele, caso seja insuficiente, pode impactar no seu processo produtivo.

Quer ver outro exemplo?

Imagine que a empresa precise contratar o serviço de uma transportadora local para fazer as entregas no país onde está iniciando o novo negócio e ter um contrato com esse parceiro comercial local pode representar um ganho significativo em rapidez nas entregas além de economia no processo, mas e se esse parceiro começar a dar problemas? E se as negociações de preço e de prazo não forem bem conduzidas?

Se você ainda tinha dúvidas de como os aspectos logísticos podem impactar as negociações internacionais acredito que com esses exemplos as coisas começam a ficar um pouco mais claras.

É importante lembrar que processos logísticos não se limitam apenas a entrega, os processos de compra e armazenagem também fazem parte do processo e não tem como imaginar esses dois pontos sem a participação ativa de um negociador.

Surge a necessidade de um novo modelo de gestão integrado e como conseguir bons resultados sem ter o mínimo de entendimento do processo logístico como um todo? Não tem como, o negociador internacional mais uma vez precisará sair de sua zona de conforto e se aprimorar em conceitos que não necessariamente fazem parte de sua rotina.

Outro ponto importante a se destacar é que a logística faz parte da parte estratégica do negócio, tanto que hoje já se discute questões como a logística reversa, ou seja, o que fazer com o produto quando ele se torna obsoleto para o consumidor e precisa ser descartado corretamente.

A logística reversa de certa forma também pode precisar dos serviços do negociador internacional, na verdade, essa questão vai muito além do simples descarte correto, ela passa por outros pontos igualmente importantes como a preservação do meio ambiente, o desenvolvimento sustentável e até questões relacionadas à imagem quando um produto causa algum tipo de dano no momento do seu descarte.

Mas existe ainda a possibilidade da geração de lucro com o descarte correto dos produtos de uma organização e até nesse momento a participação do negociador pode ser importante no sentido de conseguir melhores preços, melhores condições de estocagem e até de transporte.

Existem diferentes tipos de modais de transporte[10], cada um com suas vantagens e desvantagens, o mais importante é que o negociador internacional conheça suas particularidades para tomar decisões mais quanto a sua utilização, quero destacar seis deles, vejamos cada um separadamente:

Aeroviário: É aquele feito pelo ar e os meios de transporte mais comuns são aviões e helicópteros.

» Vantagem: É o transporte mais rápido;
» Desvantagens: Menor capacidade de carga e frete mais elevado.

Rodoviário: É aquele feito por estradas, rodovias, ruas, sejam elas pavimentadas ou não, geralmente por caminhões.

» Vantagens: Adequado para distâncias médias ou curtas, facilidade na troca do veículo em caso de quebra ou acidente;
» Desvantagem: Para longas distâncias acaba sendo o menos competitivo.

Ferroviário: É aquele efetuado sobre trilhos geralmente por trens, comboios, ou outros veículos semelhantes.

» Vantagens: Adequado para grandes quantidades e distâncias longas;
» Desvantagem: Flexibilidade limitada entre os trajetos.

---

10 Modais de transporte são, de maneira bastante simplificada, as formas utilizadas para que os produtos cheguem até o destinatário final (nota do autor).

Aquaviário: É o transporte aquático geralmente feito por barcos, navios ou balsas.

» Vantagens: Pode carregar qualquer tipo de carga, menor custo de transporte;

» Desvantagens: Enfrenta problemas de congestionamentos nos portos e necessita de maior atenção com as embalagens.

Dutoviário: Tipo de transporte tubular onde podem ser transportados líquidos ou gases.

» Vantagens: Funcionam 24 horas por dia, é o modal que menor ação poluente;

» Desvantagens: Pouco utilizado no Brasil, é um dos meios mais lentos para transportar produtos.

Infoviário: Também conhecido como digital ou virtual, é o meio por onde são transportados dados e informações.

» Vantagens: Velocidade e segurança na transmissão de dados;

» Desvantagens: Carga tributária alta, alta burocracia para a operação desestimulando a competição.

Outro ponto importante e que precisa ser de conhecimento do negociador internacional são as questões relacionadas aos custos logísticos, afinal de contas estar a par dos custos é fundamental em um processo de negociação, os nove tipos mais comuns são os seguintes:

1. Custos com o produto propriamente dito;
2. Custos relacionados a falta de matéria-prima para a produção;
3. Custos com manutenção, principalmente corretivas;
4. Custos com a embalagem do produto;
5. Custo com o modal de transporte escolhido e com o frete;
6. Custo com a logística tributária;
7. O custo com a tecnologia utilizada nas operações;
8. O custo com a distribuição dos produtos, e por fim;
9. O custo com os recursos humanos.

Enfim, o negociador internacional precisa ser um profissional polivalente e generalista, capaz de atuar em diferentes frentes e com uma capacidade de entendimento sistêmico do negócio, mas isso acredito que já tenha ficado claro.

12.3 ASPECTOS CULTURAIS

Não é preciso olhar além-fronteiras para identificar aspectos culturais que podem influenciar em uma negociação, aqui em São Paulo onde nasci e resido é possível encontrar o que chamamos de multiculturalismo, que nada mais é do que a existência de diferentes culturas em uma mesma região.

Cultura japonesa no bairro da Liberdade, italiana no bairro do Bixiga e uma enorme concentração de outras culturas espalhadas pela cidade dão conta de como o assunto é complexo e não pode ser tratado com simplicidade.

Agora imagine quando o assunto é alçado a dimensões maiores, certamente a preocupação e o cuidado com os aspectos culturais são elevados na mesma proporção.

Para definir o conceito vou utilizar o embasamento teórico trazido pelo Antropólogo britânico Edward Burnett Tylor (1832-1917), considerado o pai do conceito moderno de cultura.

Nos parágrafos iniciais do livro *Primitive Culture* (Taylor, 1871) apresenta pela primeira vez uma definição para o termo cultura, definição essa aceita e utilizada até os dias atuais.

Para o autor cultura pode ser definida como "o complexo no qual estão incluídos conhecimentos, crenças, artes, moral, leis, costumes e quaisquer outras aptidões e hábitos adquiridos pelo homem como membro da sociedade".

É a cultura que define as características da identidade de cada povo, desde aquelas mais simples até as mais complexas, e é a partir dessas características que qualquer pessoa tem condições de entender os costumes de cada povo.

Entender a cultura de um povo significa respeitar a sua história, por isso evito discussões em sala de aula acerca de coisas que a princípio podem parecer estranhas a nossa cultura.

Se procurarmos com certeza encontraremos coisas que podem parecer estranhas a outros povos, mas que para nós é natural... Percebeu o que quero dizer com respeitar a história de cada povo, de cada cultura?

"Cada cultura é dotada de um "estilo" particular que se exprime através da língua, das crenças, dos costumes, também da arte" (Cuche, 1999, p. 45).

Mas é preciso considerar outra coisa quando se discute questões relativas à cultura de um povo que é o fato de pessoas terem nascido em um mesmo país não é garantia de que elas tenham culturas semelhantes, o que de certa forma faz com que a percepção do negociador internacional em relação à cultura quando ele estiver atuando fora de sua nação precise ser redobrada.

Para Kramsch (1998) apesar de duas ou mais pessoas terem a mesma nacionalidade a região de nascimento pode ser diferente, a época em que elas nasceram também pode ser outra, a religião (assunto que abordaremos melhor no próximo tópico) também pode ser diferente, enfim, a nacionalidade nesse caso passa a ser nada mais do que uma mera coincidência.

Com o aumento do fluxo de pessoas ao redor do mundo por conta da globalização o que se observa também é uma alteração nos costumes, por isso não se pode mais tratar a cultura apenas como local, afinal de contas esse movimento acaba por trazer novos significados, novas formas de ver e pensar o cotidiano, e porque não dizer novos movimentos culturais.

É através das interações que a cultura acaba por ser moldada, entendida, portanto, entender esses pequenos detalhes pode ajudar e muito o negociador internacional quando ele estiver desempenhando seu papel em uma nova cultura que ainda seja desconhecida para ele.

12.4 ASPECTOS RELIGIOSOS

Religião é sempre um tema delicado de se abordar, isso em qualquer situação, mas não tem como deixar esse importante aspecto de fora quando se trata de comércio internacional ou ainda das negociações que acontecem em decorrência delas.

Não tenho a intenção aqui de entrar em discussões de cunho religioso, até porque entendo que cada um é livre para crer e seguir aquilo que melhor atender as suas necessidades, por isso a vertente aqui será puramente para reflexão, afinal quem almeja um dia atuar como negociador internacional certamente terá que lidar com o tema em algum momento.

Não podemos esquecer que se por um lado a religião pode representar aspectos fundamentais na vida de algumas pessoas, para outras, no entanto, pode exercer o caminho contrário, e nos dois casos podem influenciar no desfecho ou na condução de um processo de negociação.

Solidariedades religiosas podem fortalecer laços comerciais, e o inverso também é verdadeiro, mas entender as diferenças e particularidades de como cada nação reage frente às questões religiosas pode ser também interessante no que se refere a conseguir bons resultados nos processos de negociação.

É sempre bom ter todas as possibilidades em mente, pois se por um lado existe a possibilidade de se facilitar alguma relação por conta da religião também é possível que restrições aconteçam por conta, ou pela falta dela.

Diferenças ideológicas sempre podem trazer à tona questões que possam levar, por exemplo, a algum tipo de proibição ou entrave nas negociações, saber contornar essas situações acaba sendo fundamental e mais uma vez o negociador internacional é convidado a pensar sobre o assunto.

Se olharmos atentamente ao redor do mundo é possível observar diferentes situações que demonstram o papel que muitas religiões exercem nas mais diferentes sociedades, moldando comportamentos e ditando regras, e mais uma vez reafirmo que não é meu papel aqui julgar ou questionar as religiões, estou apenas trazendo fatos para que seja possível refletir no papel do negociador internacional.

A fé costuma trazer confiança entre pessoas que compartilham das mesmas ideias e dos mesmos ensinamentos, se pensarmos friamente sobre essa afirmação certamente chegaremos à conclusão de que a religião pode então facilitar ou atrapalhar parcerias comerciais se os países compactuarem ou não dos mesmos pensamentos, e isso é apenas um exemplo.

Sendo assim igrejas e demais comunidades religiosas passam a ter e desempenhar um papel importante em muitas culturas e saber se relacionar com os atores que compõem esse cenário passa a ser uma exigência importantíssima para o negociador internacional.

Talvez você esteja pensando em exemplos onde a religião pode criar dificuldades ou limitar o estabelecimento de boas relações comerciais, vou citar um.

Imagine um país que tem fortes restrições religiosas a forma de se vestir, não entender essa questão ou não se adequar a ela pode representar boicotes ou até mesmo tensões desnecessárias e que poderiam ser facilmente evitadas se os envolvidos tivessem parado para pensar nas questões levantadas nesse tópico.

Em alguns países a religião é mais forte que a própria política local, há casos em que o líder religioso tem um peso maior do que o líder político.

Certamente essa situação poderá criar impactos negativos nas relações comerciais envolvendo outros países que porventura não comunguem das mesmas crenças.

Imagine um país onde o álcool é considerado um produto moralmente questionável por parte da igreja, se esse for o seu produto é bem provável que mesmo sendo um excelente negociador internacional você terá muita dificuldade de conseguir um desfecho favorável se não conseguir se adaptar ou excluir o que não é bem-visto pela comunidade religiosa local.

É possível levantar inúmeros exemplos de como os aspectos religiosos podem influenciar o comércio internacional e seus processos de negociação, inclusive de maneira positiva caso haja interesse em estabelecer laços comerciais fortes com países que tenham visões parecidas sobre o assunto.

Mas esse assunto é bastante complexo e pode variar de país para país, mais um bom motivo para que o negociador internacional esteja sempre aberto a novas experiências e disposto a adquirir novos conhecimentos que possam ser compartilhados para agregar em seu portfólio de competências.

Comércio internacional baseado única e exclusivamente em aspectos religiosos pode tornar a negociação impraticável se os valores advindos desse aspecto não forem minimamente próximos, em alguns casos é necessário entender que talvez aquele mercado não seja possível de ser alcançado.

Em resumo, a religião pode ajudar ou não durante uma negociação internacional, portanto, estar atento aos indicadores que demonstram como cada nação entende e pratica a religião pode ajudar na hora de definir as estratégias a seguir.

13 CARACTERÍSTICAS BÁSICAS DE ALGUNS POVOS

Conhecer o perfil de negociadores de outros países não é uma tarefa das mais simples, afinal outras questões estão diretamente envolvidas na formação dessas pessoas como, por exemplo, cultura, idade, religião como abordado no capítulo anterior, e isso só para citar algumas, mas é possível ter uma ideia dessas características a partir de alguns estudos disponíveis como, por exemplo, o de Steele *et al.* (1995) que apresenta características básicas aproximadas de alguns povos.

Certamente essas informações podem ser de grande valia no momento de se sentar a mesa e iniciar um processo de negociação com pessoas de diferentes nacionalidades.

Vamos então a alguns exemplos usando como base para o desenvolvimento das características o estudo citado:

13.1 SUECOS

Apesar de normalmente os suecos serem pessoas reservadas e quietas, por outro lado, é uma característica desse povo a confiança e a autocrítica.

Imagino que não deve ser fácil negociar com pessoas que dispõem dessas características, afinal pessoas reservadas e quietas tendem a ser mais observadoras, mais um motivo para você estar preparado no momento de expor suas ideias e seus pontos de vista.

E o que falar da confiança? Principalmente se por algum momento faltar essa competência em você, isso pode ser um fator preponderante no resultado da negociação.

Os suecos também são, em sua maioria, pessoas interessadas em novas ideias e com bastante preocupação com a qualidade.

Não tenha medo então de inovar e de mostrar ousadia durante a explanação de suas ideias até porque inovação é algo que não tem como se abster no século XXI, tudo está mudando, a todo o momento e cada vez mais rápido.

É importante salientar também que a preocupação com a qualidade sofreu alterações ao longo do tempo, hoje não se pensa na qualidade apenas atrelada ao produto, mas no processo como um todo, ou seja, desde a concepção da ideia, a transformação no processo produtivo, a logística de entrega ao cliente e o processo de retorno (a logística reversa que falamos no capítulo 12).

Outra dica importante quando for negociar com suecos é levar sempre a proposta profissional completa.

13.2 INGLESES

Talvez a característica mais evidente e comentada a respeito dos ingleses é o fato de serem na maioria do tempo formais, lógicos e bastante educados.

Geralmente tem orientação voltada para o mercado interno, mais um motivo para você ampliar seus conhecimentos sobre aspectos culturais além de outros que julgar importante para conseguir um bom resultado ao negociar com esse povo.

É comum suas apresentações adotarem um tom conservador, talvez seja interessante ir nessa mesma linha e não tentar ser inovador ou agressivo em suas estratégias.

Os ingleses são adeptos da negociação "ganha-ganha", sempre tentando chegar a um ponto que atenda e satisfaça as necessidades dos dois lados, mas uma característica interessante sobre eles é que nos dias de folga eles preferem passar individualmente, então não é uma boa ideia querer marcar algum encontro nesses dias, coisa que em outras culturas podem ser normal os encontros comerciais em dias de folga.

Tenha muita paciência, normalmente os ingleses gostam de discutir item por item então não adianta querer atropelar o processo, se prepare e esteja certo que você precisará explanar sobre cada linha com propriedade, caso contrário será muito difícil persuadir uma pessoa nascida na Inglaterra.

Esteja disposto a barganhar e tenha poder para tal, pois os ingleses costumam se utilizar dessa prática para persuadir o outro lado.

13.3 ALEMÃES

Quando penso nas características principais para negociar com um alemão, talvez a primeira que me venha à mente é o fato de se tratar de um povo extremamente nacionalista.

Certamente essa não é a única característica desse povo, existem outras que também precisam ser entendidas para conseguir ser eficiente ao negociar com pessoas da Alemanha.

Outra característica importante e que precisa ser respeitada é o fato de, assim como os ingleses, o povo alemão em sua grande maioria ser bastante formal o que não os torna menos eficientes, a eficiência alemã é bastante conhecida no mundo corporativo.

Também são metódicos, o que pode atrapalhar caso seu poder de persuasão não esteja afiado, e são persistentes o que indica que do outro lado você encontrará provavelmente alguém disposto a conseguir o melhor resultado possível.

A probabilidade de que você se depare com alguém muito bem-preparado para a negociação é enorme, portanto, faça o mesmo antes de iniciar o processo.

Os alemães são pessoas que buscam por soluções rápidas, ser prolixo com eles pode não ser uma boa estratégia e esteja preparado também para análises mais aprofundadas, pois é algo característico desse povo.

Por se tratar de um povo culturalmente adepto da lógica é possível que essa estratégia seja utilizada para tentar persuadir você, no entanto, há situações em que a lógica pode ser substituída pela barganha ou até mesmo por ameaças.

13.4 AMERICANOS

Com relação aos americanos a característica que primeiro me vem à cabeça quando penso neles é seu senso de patriotismo, observe os filmes americanos, qualquer um, em algum momento uma bandeira norte-americana aparecerá mesmo que não faça parte do contexto.

Apesar de serem orientados para a ação o norte-americano é extremamente competitivo, mas são bastante paternalistas quando se trata "dos seus".

Outra característica do povo americano é a impaciência o que pode ser prejudicial em uma negociação caso você não esteja focado ou totalmente preparado para o embate.

Por se tratar de um povo entusiasta por natureza e com a mente aberta, novas ideias podem ser muito bem-vindas.

Buscam sempre pelo melhor acordo, esperam que haja cooperação total, são adeptos do reconhecimento como ferramenta de gestão e esperam sempre que o nível mínimo definido seja alcançado quando se fala de resultados, talvez isso seja fruto das ferramentas de gestão do final do século XIX.

Esteja preparado para algumas situações que não necessariamente são vistas com frequência por aqui como, por exemplo, a possibilidade de mudança de acordo desde que tenha sido formalizado e colocado no papel.

Outras situações, no entanto, não são muito diferentes das que estamos acostumados a encontrar por aqui como pressão relacionada ao tempo, propostas de ofertas minimamente razoáveis, comprometimento e a capacidade de agir quando necessário, afinal o norte-americano está em busca de ação constantemente.

13.5 FRANCESES

Provavelmente você já ouviu que na França não adianta querer se comunicar em inglês, isso acontece porque os franceses amam sua língua e muitos (se não todos) acreditam que a França é o centro cultural e intelectual do mundo.

São em sua grande maioria pessoas refinadas, verdadeiros intelectuais, então não custa tentar conhecer assuntos que de alguma forma possam ir ao encontro dessas características, lembre-se da quantidade de cultura existente nesse país, museus, obras de arte e quadros de valores incalculáveis só para citar alguns exemplos de como começar a se inserir na cultura francesa.

Então fique atento, os franceses costumam jogar duro e não desistem até conseguir alcançar seus objetivos, por outro lado, possuem a característica de ser um povo bastante animado e que adora conversar, imaginação e sabedoria geralmente permeiam suas conversas.

Com eles é possível adotar uma postura agressiva, afinal, os franceses não se assustam com coisas novas, tampouco com coisas diferentes.

13.6 HOLANDESES

Os holandeses podem ser caracterizados por apresentar características como a lógica e por serem bastante metódicos.

Costumam utilizar como métodos para persuadir o outro lado a lógica, mas podem se utilizar também de ameaças.

Geralmente são pessoas persistentes, portanto, esteja preparado para expor seu ponto de vista com clareza e principalmente com segurança, pois os holandeses não são um povo que se convence fácil de que pode deixar de lado suas ideias.

Gostam também de utilizar o humor como tática de negociação, mas não um humor escrachado, é mais provável que você se depare com um tipo de humor mais voltado para algo até ponderado ou ainda uma tática reversa podendo se utilizar de falta de humor como tática.

Por se tratar de um povo metódico é muito provável que eles estejam sempre esperando por precisão, mais um motivo para estar preparado no momento de argumentar e de expor suas ideias.

Provavelmente você não terá muito tempo para buscar um consenso caso esteja negociando com um holandês, afinal estamos falando de um povo que tem ainda como característica forçar decisões para finalizar o processo.

13.7 RUSSOS

Uma das principais características que me vem à mente quando penso nos russos é a rigidez e a expressão fria.

Há relatos de que eles costumam ser inflexíveis o que convenhamos dificulta bastante o processo de comunicação. Outra característica apontada pelo estudo a respeito do povo russo é que eles costumam se esquivar, portanto, esteja preparado para tentar argumentações diferentes em diversos momentos da negociação.

Talvez o motivo dessas características esteja diretamente ligado à outra característica extremamente importante e que deve ser levada em conta no momento de traçar as estratégias de negociação com os russos, o fato de eles apresentarem dificuldades para tomar decisões, seu trabalho será dobrado para conseguir bons resultados por causa disso.

Para persuadir seu oponente é muito comum observar a utilização do poder, normalmente se utilizando de ameaças, mas sempre buscando o não comprometimento ou emoções durante o processo.

A redução do custo total bem como presentes ou moedas ocidentais podem ajudar, pois os russos têm necessidades a serem satisfeitas que vão ao encontro de coisas como essas.

São muito precavidos com relação às amizades então não se engane achando que conseguiu conquistar facilmente a confiança deles. O povo russo gosta de buscar sempre a segurança pessoal e de evitar responsabilidades.

Conversam muito dizendo pouco e tendem a ceder muito pouco também por isso seja cauteloso quanto à quantidade de informações que está disposto a compartilhar, pois é bastante provável que por parte dos russos exista a predisposição de obter muito mais informações que se esteja disposto a dividir.

Uma última característica importante e que também merece ser citada é a falta de comprometimento com os prazos além de mudar o time designado para uma negociação sem muita preocupação e isso pode ser um dos motivos para a dificuldade de se tomar decisões, pois quem está chegando normalmente não tem o hábito de definir antes de ter o mínimo de segurança para tal.

13.8 JAPONESES

Negociar com japoneses implica em dizer que a informalidade pode não ser a melhor estratégia afinal a cultura oriental apresenta características muito diferentes da ocidental e a formalidade nas relações profissionais é uma delas.

São pessoas extremamente educadas, agradáveis e eficientes, são competentes quanto à execução de suas tarefas e estão sempre em grupo, aliás, essa característica é possível de ser observada também na vida pessoal, em viagens, por exemplo.

Podem até aparentar falta de sentimentos, mas isso normalmente não se apresenta como uma verdade.

O compromisso é uma característica bastante comum no povo japonês então tente deixar claro desde o início que você conta com essa possibilidade e que ela é recíproca, isso pode ajudar bastante nos momentos mais tensos da negociação.

Outra característica importante é o fato deles utilizarem tecnologia avançada com naturalidade, conhecer e saber utilizar esse tipo de tecnologia pode ser um ponto positivo seja quando você estiver expondo suas ideias ou quando eles estiverem expondo as deles.

São adeptos da utilização da lógica como método de persuasão e do uso discreto do poder.

Os japoneses têm uma necessidade de entrar no mercado e confiam na qualidade de seus produtos e gostam de estabelecer relacionamentos e de fazer acordos longos, geralmente acordos conjuntos é o que mais espera um japonês sentado à mesa de negociação.

CONSIDERAÇÕES FINAIS

Escrever um livro nunca é uma tarefa fácil, precisa de empenho, dedicação, pesquisa, mesmo que seja sobre um assunto que você está acostumado a falar em sala de aula, como é o caso do tema central desse livro.

Negociação Internacional é uma das disciplinas que, geralmente, eu ministro na instituição de ensino onde leciono desde 2008, normalmente no curso de Comércio Exterior, mas à medida que o livro ia sendo escrito ia ficando claro na minha cabeça que ele não é apenas para estudantes ou profissionais de COMEX, ele pode, sim, servir de base para qualquer profissional da área de Gestão e Negócios que se interesse por negociação.

Profissionais das áreas de Recursos Humanos ou Contencioso Trabalhista, que diariamente precisam sentar-se à mesa com outras pessoas para negociar, podem sim utilizar esse livro como ferramenta de aprendizado e desenvolvimento.

Eu não tinha muita ideia para onde essa viagem me levaria quando iniciei o livro, após o convite da editora, mas de uma coisa eu tinha certeza, seria um desafio e me traria novas informações que, com certeza, utilizarei em minhas aulas.

Fiz muitas reflexões novas ao longo dos capítulos, revisitei algumas antigas, mas algumas certezas continuam vivas na minha cabeça, como o fato de continuar acreditando que o desenvolvimento e a busca de conhecimento são necessários em qualquer área, e não é diferente no caso do negociador internacional.

Algumas coisas não mudaram desde que iniciei minha carreira no mundo corporativo, lá nos idos da década de 1980, em compensação muitas outras mudaram, evoluíram, e que bom que algumas pessoas entenderam que precisamos acompanhar essas mudanças.

Se falar outro idioma foi por muito tempo um diferencial no mercado de trabalho, hoje não é apenas o profissional da negociação internacional que necessita dessa competência para se destacar no mercado de trabalho, mas uma coisa que tentei deixar claro ao longo dos capítulos desse livro é que para esse profissional, em específico, saber se comunicar no idioma do país onde você está atuando é com certeza um grande diferencial.

Espero que tudo que coloquei aqui sirva para ajudar profissionais das mais variadas áreas de gestão que porventura tenham interesse de atuar em empresas multinacionais como negociadores, que as coisas que foram colocadas aqui, ao longo dos treze capítulos que idealizei, possam ser úteis e façam a diferença em suas vidas profissionais.

Nunca tive a intenção de ser visto como referência, mas tenho sim a intenção de fomentar discussões que possam gerar reflexões sobre o tema central desse livro.

Se o alcance e a aceitação dessa obra forem tamanhos, a ponto de agregar valor na vida profissional das pessoas, como eu acredito e espero que seja, tenham certeza de que ficarei bastante feliz e satisfeito.

Não posso terminar sem agradecer a editora Freitas Bastos pelo convite e pela confiança no meu trabalho, por ajudar na sugestão do tema e por me motivar a escrever um novo livro, com um assunto que pode trazer inúmeras possibilidades de reflexões profissionais, por isso acredito que se trata de uma obra que pode, sim, despertar o interesse de diferentes profissionais nas áreas de gestão e negócios.

Para finalizar espero ter alcançado um resultado satisfatório dentro das expectativas criadas por mim e por todos os envolvidos nesse projeto, desde o início algumas pessoas depositaram uma grande confiança no meu trabalho, por isso preciso, mais uma vez, agradecer a todos e dizer que acredito em cada palavra que escrevi, em cada dica que dei e em cada reflexão que porventura proporcionei.

Foi difícil, deu trabalho, consumiu muitas horas, mas valeu a pena e está finalizado, só me resta desejar muito sucesso aos futuros negociadores internacionais, e que esse livro possa ajudar cada um de vocês a alcançar seus objetivos e seus sonhos, acreditem não vai ser fácil, mas, no final, terá valido muito a pena.

REFERÊNCIAS BIBLIOGRÁFICAS

ACUFF, F. L. **How to negotiate anything with anyone anywhere around the world**. New York: American Managemente Association, 1993.

BERG, E. A. As 5 formas de administrar conflitos. In: BERG, E. **Administração de conflitos:** abordagens práticas para o dia a dia. Curitiba: Juruá, 2012.

CARIONI, Rodrigo. **Gestão de marketing internacional:** livro didático / Rodrigo Carioni, Janaína Baeta Neves, Maria da Graça Poyer; design instrucional Carolina Hoeller da Silva Boeing; [assistente acadêmico Roberta de Fátima Martins]. 3. ed. rev. Palhoça: UnisulVirtual, 2012.

CHERRY, Colin. **A comunicação humana**. Tradução de José Paulo Paes. 2. ed. São Paulo: Cultrix/Edusp, 1971.

CHIAVENATO, Idalberto. **Comportamento organizacional:** a dinâmica do sucesso nas organizações. 2. ed. Rio de Janeiro: Elsevier, 2005.

CHIAVENATO, Idalberto. **Empreendedorismo:** dando asas ao espírito empreendedor. São Paulo: Saraiva, 2005.

CHIAVENATO, Idalberto. **Gestão de pessoas:** O novo papel dos recursos humanos nas organizações. 4. ed. Manole, 2014.

COHN, H. **Você pode negociar qualquer cois**a. 8. ed. Rio de Janeiro: Record, 1980.

COOPER, R. G., KLEINSCHMIDT, E. J., **The impact of export strategy on export sales performace**. Journal of International Business Studies. Columbia, University of South Carolina. 1. ed. Spring, 1985. 37-55 p. v. 16.

CROCCO, Luciano et al.; GIOIA, Ricardo Marcelo (coordenador). **Fundamentos de marketing:** conceitos básicos. São Paulo: Saraiva, 2010.

CUCHE, D. **A noção de cultura nas ciências sociais**. Bauru: Edusc, 1999.

CUNHA, M. P. et al. **Manual de comportamento organizacional e gestão**. Lisboa: RH Editora, 2007.

DEWEY, J. apud RABAÇA, Carlos Alberto; BARBOSA, Gustavo. **Dicionário de comunicação**. Rio de Janeiro: Codecri, 1978.

ESPÍRITO SANTO MARDEGAN, M.; DE SOUZA, A.; MARTINEZ HEINRICH FERRER, W. **A interface dialética entre a democracia e a globalização**. Direito e Desenvolvimento, 29 dez 2020. 2. ed. 56-77 p. v. 11.

FIGUEIREDO, L. J. **A gestão de conflitos numa organização e consequente satisfação dos colaboradores**. 2012. 206f. Dissertação (Mestrado em Gestão) – Departamento de Economia, Gestão e Ciências Sociais. Especialização em Recursos Humanos. Universidade Católica Portuguesa, Viseu, 2012.

FIORELLI, J. O.; FIORELLI, M. R.; JÚNIOR, M. J. **Mediação e solução de conflitos:** teoria e prática, São Paulo: Atlas, 2008.

FREIRE, Adriano. **Estratégia** – Sucesso em Portugal. Lisboa: Editorial Verbo, 1997.

KRAMSCH, C. **Language and culture**. Oxford: Oxford University Press, 1998.

KRAUS, P. G., **O processo de internacionalização das empresas:** O caso brasileiro. Revista de Negócios. 2. ed. Blumenau: abril/junho, 2006. 25-47 p. v. 11.

LASWELL, Harold D. **Política:** Quem ganha o quê, quando. Como? Brasília-DF: Ed. Univ. Brasília, 1984.

LIMA NETTO, R. **Habilidade do rei:** você também pode ser um bom negociador. Rio de Janeiro: Ediouro, 2005.

MARANGONI, Keila Fernanda; OLSSON, Giovanni. **A influência da globalização no direito contemporâneo.** Revista de Iniciação Científica em Relações Internacionais. 13. ed. 2019. v. 7.

MARTINELLI, Dante P. **Negociação, administração e sistemas.** V SEMEAD – Ensaio Administração Geral, 2001.

MARTINELLI, Dante P.; ALMEIDA, Ana Paula de. **Negociação: como transformar confronto em cooperação.** 1. ed. 7ª reimpr. São Paulo: Atlas, 2009.

MATOS, F. G. **Negociação gerencial:** aprendendo a negociar. Rio de Janeiro: José Olympio, 1989.

MCCARTHY, E. J.; PERREAULT, W. D. **Basic Marketing:** A Global Managerail Approach. 14. ed. Homewood, IL: McGraw-Hill/Irwin, 2002.

NASCIMENTO, E. M. **Comportamento organizacional.** Curitiba: IESDE Brasil S.A., 2008.

NASCIMENTO, E. M.; EL SAYED, R. M. **Administração de conflitos.** In: MENDES J.T. (Org.) Gestão do capital humano. 2002. 47-56 p. v. 5.

NOSÉ JÚNIOR, A. **Marketing internacional:** uma estratégia empresarial. São Paulo: Pioneira Thomson Learning, 2005.

OLIVEIRA, Marco A. **Comportamento organizacional para a gestão de pessoas:** como agem as empresas e seus gestores. São Paulo: Saraiva, 2010.

OXFORD LANGUAGES. Disponível em: https://languages.oup.com/google-dictionary-pt/. Acessado em janeiro de 2023.

RIBEIRO, Paulo Eduardo. **Indicadores de saúde positiva**: um estudo com empregados expatriados. 2009. 105 f. Dissertação (Mestrado em Psicologia da saúde) – Universidade Metodista de São Paulo. São Bernardo do Campo, 2009.

RIBEIRO, Paulo Eduardo. VIANNA, Gustavo Vidal (orgs). **Competências essenciais para o profissional do século XXI**. 1. ed. São Paulo: Editora Biblioteca 24horas, 2017.

ROBBINS, S. P. **Comportamento organizacional**. 14. ed. São Paulo: Pearson Prentice Hall, 2010.

SANTOS, A. M. M. M., **Reestruturação da indústria automobilística na América do Sul**, BNDES Setorial, Rio de Janeiro: set, 2001. 14. ed, 47-64 p.

SANTOS, Boaventura de Sousa. **Para uma Revolução Democrática da Justiça.** Coimbra: Almedina. Edição do Kindle, 2014.

SILVA, Liliane de Souza Vieira da. **Gestão de conflitos e técnicas de negociação**. / Liliane de Souza Vieira da Silva. – Indaial: UNIASSELVI, 2019.

SOUSA, Fernando de. **A democracia, face política da globalização?** Revista Brasileira de Política Internacional. 1. ed. Brasília: jan./jun. 2006. 6-8 p. v. 49.

SOUZA, José Dalmo de. **Comércio internacional** / José Dalmo de Souza, Dieter Rugard Siedenberg. Ijuí: Ed. Unijuí, 2008.

STAFFEN, Márcio Ricardo. **Interfaces do Direito Global**. 2. Ed. ampl. Atual. Rio de Janeiro: Lumen Juris, 2018.

STEELE, P.; Murphy, J.; RUSSIL, R. **It's a deal:** a practical negotiation handbook. 2. ed. Londres: McGraw-Hill, 1989/1995.

TYLOR, E. B. **A ciência da cultura**. In: CASTRO, Celso (org.) Evolucionismo cultural. Trad. Maria Lúcia de Oliveira. Rio de Janeiro: Jorge Zahar, 2005.

THOMAS, Kenneth. **Conflict and conflict management**, in: MD. Dunnette (ed.) Handbook of industrial and organizational behavior, Nova York, John Wiley, 1976.

THOMPSON, L. L. **O negociador**. 3. ed. São Paulo: Pearson Prentice Hall, 2009.

TUCKMAN, B.; JENSEN, M. **Stages of small-group development revisited**, 4. ed. 1977. 419 p. v. 2.

WEBER, Max. **Ensaios de Sociologia**. Ed. Guanabara: Rio de Janeiro, 1981.

WEBER, Max. **Economia e Sociedade:** fundamentos da sociologia compreensiva. 4. ed. Brasília: Editora Universidade de Brasília, 2009.